送给我的儿子昊昊和童童
愿所有的小学生都能把阅读养成习惯

小学六年

把阅读养成习惯

养成习惯

晓月 —— 著

培养孩子
阅读力
的九堂课

北京理工大学出版社
BEIJING INSTITUTE OF TECHNOLOGY PRESS

图书在版编目（CIP）数据

小学六年，把阅读养成习惯：培养孩子阅读力的九堂课 / 晓月著. —北京 ：北京理工大学出版社，2023.5（2023.6重印）

ISBN 978 – 7 – 5763 – 2119 – 7

Ⅰ. ①小… Ⅱ. ①晓… Ⅲ. ①阅读课–小学–教学参考资料 Ⅳ. ①G624.233

中国国家版本馆CIP数据核字（2023）第032379号

出版发行 / 北京理工大学出版社有限责任公司

社　　址 / 北京市海淀区中关村南大街5号

邮　　编 / 100081

电　　话 /（010）68914775（总编室）

　　　　　（010）82562903（教材售后服务热线）

　　　　　（010）68944723（其他图书服务热线）

网　　址 / http://www.bitpress.com.cn

经　　销 / 全国各地新华书店

印　　刷 / 唐山富达印务有限公司

开　　本 / 880毫米×1230毫米　1 / 32

印　　张 / 8.25　　　　　　　　　　　　　　责任编辑 / 申玉琴

字　　数 / 180千字　　　　　　　　　　　　文案编辑 / 申玉琴

版　　次 / 2023年5月第1版　2023年6月第2次印刷　　责任校对 / 刘亚男

定　　价 / 58.00元　　　　　　　　　　　　责任印制 / 施胜娟

图书出现印装质量问题，请拨打售后服务热线，本社负责调换

本书赞誉

阅读在当代是孩子学习和成长都绕不开的话题，无论是升学考试、个人能力提升，还是个人修养，都离不开阅读。但是很多时候，父母并不知道如何培养孩子的阅读能力。而晓月老师这本《小学六年，把阅读养成习惯》就是相当好的工具书，其中提到的"儿童自主阅读六力模型"，就能很好地帮助父母培养孩子成为阅读高手。所以这本好书，一定不能错过！

——苏晓航，畅销书《不用督促的学习》作者、

青少年成才顾问、正面管教导师

很多家长非常重视培养孩子的阅读能力，刚开始觉得很容易上手，不就是带着孩子翻翻书、认认字吗？可是孩子上学以后，会看书却不会写作文，阅读题也做不对，表达也不擅长……原来是家长培养孩子阅读的方法不太科学和系统。说到提升孩子的阅读能力，特别推荐晓月老师的《小学六年，把阅读养成习惯》，家长可以根据书中提及的各种方法，科学培养孩子的阅读能力，帮助孩子在各个学科取得优异的成绩！

——何小英，畅销书《不急不吼，轻松养出好孩子》作者、

"清华状元好习惯"创始人

如果想让孩子 1 年阅读超过 100 本书，这本书你一定要买，让孩子实践起来！

——弗兰克，《多卖三倍》作者

在信息流时代，孩子的注意力更容易被电子设备抢走，最终形成即时反馈的脑回路，这并不是好事，获得广泛信息的代价是长期注意力的丢失。在孩子小的时候培养阅读习惯，反而能获得成事最重要的专注力。晓月老师的这本书就能帮助家长更好地培养孩子做到这一点。

——秋叶，秋叶商学院创始人

这不仅是一本能教会孩子如何突破阅读障碍从而爱上阅读的书，更是一本让家长读完就会爱上阅读的书，同时也是一本能让人重新思考阅读价值和意义的书。作者晓月将自身对阅读的热爱融入书中的每一个字，既有对阅读底层逻辑的思考，也有如何阅读的具体方法。书中分享的方法已经成功帮助无数讨厌阅读的孩子和家长成为终身阅读者。相信一定对你有启发。

——维忆（夏文芳），《聪明人都下笨功夫，
愚蠢人只想走捷径》作者

未来拼的就是学习力，而阅读力是学习所有知识的基础。这本书是晓月老师倾情多年的线下教学精华，家长和孩子一定都会受益终身！

——韩老白，《高能文案》作者、内容商业导师

很多家长困惑孩子不能自主阅读，晓月老师这本《小学六年，把阅读养成习惯》就能解决家长的难题。书中"儿童自主阅读六力模型"非常清晰，内容全面且专业，也便于家长操作。可以说，这是一本家长指导孩子爱上阅读、学会阅读的工具书。

——魏华，儿童学习力专家、畅销书《不急不吼，

让孩子自主学习》作者

如果把构建孩子的知识体系看成是织布的话，只有经纬交织方能成就一块完整的布料！故此，以中华经典搭建起知识的经线，再匹配系统的阅读训练不断添加知识的纬线，如此纵横交错，方能完善孩子的知识体系。特别推荐晓月老师的《小学六年，把阅读养成习惯》，很好地结合经典诵读与科学的阅读方法，为众多家长提供了全新的培养方向！

——御明先生，经典传习者

阅读能力是后天养成的

"读书破万卷，下笔如有神。"这是关于阅读的美好描述。然而，阅读能力并不是每个人都天生具备的。阅读能力强的孩子、能享受阅读的孩子，一定是老师和家长帮助其做对了什么。作为一种终身必备的技能，阅读能力是学习其他一切学科的基础，阅读能力的培养必须从儿童开始。

晓月老师这本书中的"儿童自主阅读六力模型"介绍了小学生自主阅读的关键要素：阅读专注力、阅读记忆力、快速阅读能力、阅读坚持力、阅读理解力、阅读输出力。晓月老师结合丰富的实践案例，对儿童自主阅读力的培养做了全面和系统性的解读，读来让人豁然开朗。

孩子的阅读能力是后天养成的，只有在孩子不断的体验中才能形成。晓月老师的这本书，系统地解释了这套儿童自主阅读力培养的方法，她把阅读指导方法给了老师和家长，把阅读学习的过程给了孩子，只要持之以恒的实践，孩子就会形成较强的阅读能力。阅读不仅是一种能力，更是一种习惯的培养。

教育家苏霍姆林斯基说过："学生的智力发展取决于良好的阅读能力，谁不善阅读，他就不善于思考，而一个不阅读的孩子，就是一个学习上潜在的差生。"

在教育部最新颁布的《义务教育语文新课程标准（2022年版）》中，语文课时占比20%~22%，并首次在小学阶段提出了"整本书阅读"的概念，增加了"表达交流"的要求。

晓月老师以整本书阅读作为孩子阅读的正确打开模式，这正是目前教育背景下的主流探索。书中的诸多经验和方法，在借鉴中西研究成果的基础上，为老师和家长带来了极具价值的指导和帮助。碎片化阅读不能让学生语文能力得到全面提升，因此，整本书阅读要走进课堂、融入生活。老师应有效地进行整本书阅读教学，家长在家庭和社区环境中应陪伴孩子阅读。通过小学六年时光，让阅读成为学生的自觉行为，并在阅读中学会思考和探索，让阅读助力学生的终身学习。

阅读以理解世界，表达以呈现思考。晓月老师和她的团队正在做一件很有意义的事情，让每一个孩子在小学六年不仅养成阅读习惯，更掌握正确的阅读方法，从而让孩子们通过海量阅读，实现"小学大成"的教育期待，成为素质全面的社会主义建设者和接班人，为实现中华民族伟大复兴贡献力量！

银艳琳

深圳市南山实验教育集团常务副校长

阅读力，决定孩子一生的成绩

近几年来，教育界一直流行着这么一句话："得语文者得高考，得阅读者得天下。"

作为一名资深教育工作者，对于这句话，我是非常认同的。正如苏联教育家苏霍姆林斯基所说："让学生变得聪明的方法，不是补课，不是增加作业量，而是阅读、阅读、再阅读。"

可以说，阅读力决定孩子一生的成绩！

阅读有助于引导孩子形成良好的品格和健全的人格，能够赋予孩子拼搏的勇气和战胜困难的力量。同时，阅读也可以帮助孩子积累词汇，使孩子能够学会更好地描述事物、表达感受、讲述观点，逐渐提高写作能力。

阅读是一个人从视听感知到领悟、理解、吸收，进而鉴赏、评价，再到探究的过程。本书讲述了作者身边的很多成功的案例，对阅读能力分维度进行了讨论，具有可读性和亲切感。本书运用了生理学、教育学、心理学学科理论，从调动视、听、触、嗅、味觉来阅读，到运用番茄阅读训练、舒尔特方格法等科学的学习训练方法，帮助孩子们爱上阅读，学会阅读，探究阅读。

这是一本可供教育者探究、家长学习阅读的参考书籍，更是孩子们打开阅读大门的金钥匙。

腹有诗书气自华。愿天下每一位孩子饱读诗书，浸染墨香！

肖红月

深圳市宝安区立新湖外国语学校校长

教育的真相，在于培养孩子远行的力量

今天一大早，我带三个跟我学习心理学的研究生，刚从凤凰山上心身训练回来，就接到深圳晓月老师发来的新书，还请我为其作序，我由衷地高兴，也表示祝贺。

于是，我立即放下万缘，暂缓今天的工作，翻阅这本书的目录和内容。晓月老师的文字让我非常感动，我提起笔，顺着内在生命的流动，有感而发，是为序，供喜欢教育的有缘者讨论参考。

我叫凌歌，是一位从事二十多年临床医学的心理师，是一位为医而生、为心而来的医者。晓月老师是我的学生，她是一位非常好学、喜欢钻研的学生，深深地热爱着心理学。我想，或许正是因为这份执着和热爱，才有了这么多年在阅读心理学上的探究和发现。

我知道，这么多年，晓月老师一直在默默地坚持着做这件阅读推广、阅读心理学研究的事情，我打心底非常支持她。因为我除了是一名心理工作者之外，我也是一位父亲。在养育孩子的过程中，我也深知，阅读对于孩子未来一生的影响有多么重要。

我们常说："阅读力决定孩子一生的成绩，阅读力是孩子一生的竞争力。"这话一点不为过。因为，我自己便是一个很好的例子，我自己便是一个被阅读滋养的人。

作为一名心理工作者，我接待了各种各样的来访者，有网瘾少年、抑郁症患者、"宅家"一族等；我聆听过无数青少年的心声，也见证过无数情感纠缠的家庭和一些糟糕的亲子关系。

因着这份探究生命成长的使命感，我沉浸式地阅读了大量的经典书籍，投入了大量的精力去研究与探索心身教育之路，最后我发现了一个教育的秘密，那就是生命成长的重要性。

生命成长，简单来说，就是生命个体在阅读体悟或生活磨砺之中的向内反思或反省，从而积蓄的生命力量。生命成长，不是考试分数越来越高，也不是所掌握的技能越来越多。生命成长，不是群体性教育，也不是工厂流程式训练。生命成长，是针对生命个体进行的个性化教育，目的就是积蓄力量等待孩子从内心去开窍，就是民间常说的"懂事了"，读书人叫这种心理现象为开悟、立志。任何一个人，一旦开窍立志了，他就会自动奔向他此生的理想，纵有千难万险，他也在所不惜。

既然生命成长如此重要，那从哪儿去成长呢？如何才能成长呢？

我认为，生命成长有两条不可缺少的教育之路，那便是广泛阅读和生活历练。

而晓月老师一直以来所提倡的大阅读、海量阅读、用阅读疗愈生命，正好跟我这么多年来所探究的发现不谋而合。海量阅读，正好可以达到这个教育的目的，也是生命教育中很重要的一条大道。尤其是她倡导的自主阅读，可以有效地培养孩子的学习力、思考力和反省力。自主阅读，是一种人生的习惯，是一种修养自身的方法，也是进入某种修养境界的一条大道，更是未来学生必备的成长道路。

可是，从现实的大环境来看，当今父母们是否真的打心底意识到了阅读的重要性了呢？我们看到的真实现象是：当今父母的确深爱着自己的孩子，拼尽全力都不想让孩子去吃苦，不想孩子输在起跑线上，结果父母自己因忙着赚钱没时间看书，孩子忙着提高学习上的分数也没时间看书，整个家庭都掉进了忙碌的陷阱之中，不能自拔。

但我们毕竟是人，不是机器，我们需要情感滋养，我们也需要劳逸结合，可是家长和孩子都掉入各种低级的娱乐之中，手机渐渐地成了现代人最重要的"身体器官"。父母用手机不断地刷短视频，孩子用手机不断地玩游戏；父母和孩子在一起时，就是疯狂地追求吃喝或购物游玩。孩子越大，父母和孩子越缺少沟通，好好说话成了家里的奢侈品。很多孩子甚至已经出现了爱游戏胜过爱父母、拜金消费胜过承担责任的问题。

为此，在这个心浮气躁的时代，在这个网络盛行的时代，阅读就显得更重要了。因为通过阅读可以明理，通过阅读可以悟道，通过阅读可以疗愈受伤的生命，通过阅读可以找到迷茫中的灯塔，通过阅读可以找到生命的存在，通过阅读可以与内在心身产生觉知的联结，通过阅读也可以了悟此生活着的意义，通过阅读可以找到未来的志向。

这本书中所列举的那么多案例故事，便是很好的见证。沉浸式的自主阅读，可以帮助一个个自卑的孩子走向自信；帮助一个个坐不住的孩子安静下来；帮助一个个迷茫的孩子找到学习兴趣，继而激发出孩子的内驱力！这些有趣有料的故事，不正是阅读疗愈效果最有力的见证吗？

试问，还有什么比用阅读丰富孩子们的童年生活来得更有意义，更有价值呢？小学六年，把阅读养成习惯，所带给孩子的不仅仅是成绩上的进步，更让孩子们收获健康的身心，让孩子们找到那份来自内心深处的远行的力量！

教育的真相，在于培养孩子远行的力量。是时候让阅读回归，让阅读真真正正地走进每个孩子的心中了。

凌　歌

二十年心理师

自 序

◆ 改变，从阅读开始

当我提笔给本书写序的时候，正值一年一度的高考查分时段，我陆陆续续收到了好些家长朋友们发来的好消息。有位家长朋友开心地说："孩子语文考了135分，多谢当初您给我们建议，要我们坚持阅读。"

其实每年的期末考试、中考和高考后，我都会收到很多这样的好消息，每一次我都要开心好多天，发自内心地感恩家长对我的信任。

和此刻正在读这本书的大部分读者一样，我也已为人母，而我做儿童阅读推广的初心，源于十年前对自己孩子阅读能力的培养。我儿子三年级的时候还不喜欢阅读长篇读物，捧着一本书阅读的时候，经常读着读着就睡着了，似乎总有个瓶颈在那儿，不知道如何突破。为此我很焦虑，于是，我把自己大部分精力聚焦到阅读心理学的研究上，开始专注阅读心理、儿童阅读能力这个领域的学习、探索与研究。

同时我也和儿子一起实践。让我特别开心的是，儿子很快就突破了阅读瓶颈，同时我自己的阅读能力也实现了质的飞跃。经历了这段成长、探索、蜕变阶段之后，越来越多的家长，请我分享阅读心得，组织家庭亲子读书会，辅导他们孩子的阅读，我就这样走上了儿童阅读推广的帮人助己之路。

近十年来，我一直专注于儿童阅读推广、儿童阅读心理、亲子心理咨询与辅导等方面的工作。在这期间，我帮助数千儿童突破阅读障碍，学会阅读，爱上阅读。其中，很多孩子平均年阅读量达到了惊人的100本书，约500万字以上。看着这些因阅读而改变的孩子，我打心底为孩子们骄傲。

工作中，我深刻地体会到自主阅读能力对一个孩子的重要性；同时，我也能够感同身受地意识到孩子们对阅读能力提升的迫切希望。苏联著名教育理论家和教育实践家苏霍姆林斯基所说："一个不阅读的孩子就是学习上的差生。"可是，我更想说，没有哪个孩子天生就是不爱阅读的，他们只是需要更多的帮助、引导和陪伴。

于是，我的心中燃起一个梦想，我要把我的经验分享给大家，我要给大家一颗定心丸：只要方法得当，每个孩子都可以爱上阅读，每个孩子都可以养成阅读的习惯。这也是我写这本书的初衷。

北京大学中文系教授，教育部统编中小学语文教材总主编温儒敏老师曾经说过，高考语文改革方向，阅读是唯一出路！他曾在"统编本语文教材"研讨会上强调："语文说一千道一万就是阅读，阅读关乎语文，更关乎孩子未来。"

诺贝尔文学奖获得者莫言说："任何一个梦想都有可能因为读书而产生，而实现一个梦想也必须借助读书来实现。"因此，阅读其实影响的是孩子一生的成长。

我希望，这本书带给大家的不是焦虑，而是一种希望、一份笃定前行的信念！

◆ **本书的内容框架**

本书一共有九章。

第一章，介绍一些关于儿童阅读的概览性知识，包括阅读的重要性、阅读的测评等。阅读力就是学习力，阅读力就是竞争力，阅读力就是幸福力，希望家长朋友们可以在工作之余，多花点时间陪孩子一起阅读。

第二章，介绍一些关于儿童阅读启蒙的内容。阅读启蒙当然有最佳期，也就是我们常说的0～6岁。但是，是不是错过了这个时期，阅读就很难培养了？事实上也不是如此，阅读，什么时候开始都不晚，关键是方法得当。如果说你家孩子错过了0～6岁的启蒙期，我希望你不要气馁，也不要焦虑，只要引导得当，孩子的阅读能力一样可以突破，要有信心，相信自己，相信孩子。

第三章到第八章，详细地解释了"儿童自主阅读六力模型"。

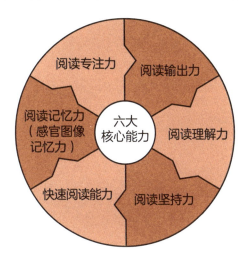

儿童自主阅读六力模型

①儿童阅读专注力（通过日常专注力训练解决孩子阅读时坐不住、读不进的问题）。

②儿童阅读记忆力（运用图像记忆法解决孩子阅读时记不住、容易忘的问题）。

③儿童快速阅读能力（运用图像速读法解决孩子阅

读时读得慢、读得少的问题）。

④儿童阅读坚持力（用一年的时间，带孩子读100本书，帮孩子积累原始阅读量，解决孩子阅读时不能坚持的问题）。

⑤儿童阅读理解力（运用费曼读书法等解决孩子阅读时的理解力问题）。

⑥儿童阅读输出力（让孩子在阅读中学会写作，增强阅读输出能力）。

第九章，介绍跨学科阅读的培养。从小培养孩子的跨学科思维，提高孩子的综合素养。

◆ 如何使用本书？

这是一本介绍孩子自主阅读能力培养的工具书。读者朋友们可以从头到尾，按照顺序阅读全书，系统地了解自主阅读能力培养的方法和路径；也可以把它当作一本指南书，根据孩子的实际情况，查看对应目录，阅读对应章节内容，并根据这些内容科学地引导孩子，帮助孩子突破卡点，激发孩子的阅读兴趣，让孩子爱上阅读。

莎士比亚说："书籍是全世界的营养品。生活里没有书籍，就好像没有阳光；智慧里没有书籍，就好像鸟儿没有翅膀。"让每个孩子爱上阅读、学会阅读，不断提高阅读能力，是我们今天"全民阅读"的大势所趋。

让孩子在小学六年，养成良好的阅读习惯，给孩子插上腾飞的翅膀，这一定是我们为人父母最有价值的付出！

目　录
c o n t e n t s

第 一 章

阅读能力，决定孩子一生的高度

立身以立学为先，立学以读书为本。

——欧阳修

阅读能力对一个孩子而言到底意味着什么？

阅读能力是每个孩子都需要具备的竞争力吗？

该怎样科学有效地引导孩子做阅读训练呢？

……

社会瞬息万变，科技飞速发展，在这个充满着不确定性的时代，你是否有过这样的思考，我们到底要怎样做，才能够跟上时代的步伐，以至于让自己不被这个时代所抛弃？而同样的，我们的孩子作为未来社会的主人，他们又应该做好怎样的准备、具备怎样的核心竞争力，才能够不至于被时代的洪流裹挟？

可能每个人心中的答案各不相同。但是我认为，在所有可能想到的答案当中，有一个绝对不可忽视的能力，那就是阅读能力。阅读能力，是孩子学习成长的基本竞争力，也是孩子未来成长的加速器。

从小培养孩子的自主阅读能力，是我们为人父母送给孩子这一生的最美的礼物，也是送给孩子最有用的"护身符"。

阅读能力影响孩子一生的成长

苏联教育家苏霍姆林斯基说："要使学生变聪明起来的方法，不是补课，不是加大作业量，而是阅读、阅读、阅读。"的确，每个孩子的成长过程中，都离不开阅读。就像教育家朱永新老师说的："一个人的精神发育史，就是一个人的阅读史。"

在我看来，阅读就像是上天赐给孩子们的一把秘密钥匙，帮孩子们打开这个神秘世界的大门，带领孩子们穿越时空，周游世界。阅读也滋养着孩子们的生命，引领着孩子们的精神成长。一个从内心深处爱上了阅读的孩子，一定会是个幸福和幸运的孩子。而且，当一个孩子"饱读诗书"之后，会有飞跃式的成长，清华才女武亦姝就是一个非常典型的例子。

复旦大学附属中学的"00后"女生武亦姝，在《中国诗词大会》第二季的年度决赛上，一举夺冠。夺冠之后，她依然不骄不躁，继续认真学习，并以613的高分考入了清华大学。

很多人都会很好奇，如此"满腹诗书""才华横溢"

的女生，到底是怎么培养出来的？其实，在亦姝很小的时候，父母就给她报了很多兴趣班，想要提高她的能力。虽然亦姝在补习班学习得不错，但是她的内心非常厌恶父母的方法，渐渐地开始叛逆。没办法，她的父母开始寻找新的方式。后来，她的父母了解到一位朋友的小孩特别爱阅读，于是，就向对方请教是怎样教育孩子的。那位朋友说，也没什么特别的方法，就是有时间就陪孩子一起看书，经常讨论，孩子渐渐地养成了爱看书的习惯。从那以后，武亦姝的父母也改变了策略，不是天天逼她去补习班，而是陪她阅读。慢慢地，武亦姝喜欢上了学习和看书。

像武亦姝一样因为大量阅读而开始飞跃式成长的故事特别多。阅读就像是孩子成长道路上的引擎，带领孩子飞上一座又一座高山，领略"会当凌绝顶，一览众山小"的壮丽风景。

阅读会对孩子有哪些帮助呢？让我们一起来看看。

◆ 孩子的阅读能力影响学习成绩

韩国青少年教育专家金明美撰写的《小学阅读能力决定一生的成绩》中提到，韩国研究中学生阅读能力和学习成绩之间关系的刘善子先生，在 2004 年发表的硕士论文中主张："阅读能力是学习成绩的根本和核心要素，因此可以影响所有科目的学习成绩。"

作为一名工作多年的儿童阅读心理老师，我感触颇深。工作中，我见到太多因为阅读而改变的孩子。他们都是因为阅读出现困难才找到我的，有的是不喜欢阅读，有的是阅读方法不当导致读不进去，等等。在经过多次的阅读心理辅导和阅读能力训练之后，他们的阅读能力得到提升，随之语文成绩得到改善，而且其他科目的成绩也都相继有了不同程度的提升。

我经常收到很多孩子给我发来的喜讯："老师，我的数学进步了，考了100分。""老师，我英语也进步了，考了99分。""老师，我语数英的成绩都进步了很多。"……家长们也都很惊讶，本来以为只是提高了阅读能力，没想到孩子各科成绩都提高了。

这些正向的反馈，不但给了我很大的精神鼓舞和支持，而且坚定了我对儿童阅读心理事业的深入探索和研究的信念。在对这些孩子们的不断深入跟踪服务中，我发现随着他们学会阅读方法并且爱上阅读之后，他们的专注力、理解力和思考力等都有了不同程度的改变和进步，所以其他科目的成绩提高就是自然了。

江苏省特级教师于永正老师说过一句话，他说："自主阅读的学生，他们的学习成绩往往比较扎实，他们能够离开课本，有理解力、联想力，有更好的表达力。"

阅读能力是孩子在学习成长过程中一项不可或缺的必备能力。阅读能力跟所有的学科息息相关，阅读能力是所有能力的基础！

✦ 阅读能力决定学习能力

阅读能力强的孩子之所以各科成绩都比较好，还有个很重要的原因，那就是阅读能力直接决定了孩子的学习能力。

大家有没有留意过学校的一些家长分享会？如果有的话，你会发现一个现象，那就是很多分享的家长们都喜欢这么说："我家

孩子呀，其实很普通的，也没什么特别的过人之处，我就是发现他从小爱看书。""我也没怎么教过我家孩子，就是从小到大，喜欢陪她一起阅读。""我家孩子从小到大，就是喜欢去图书馆，喜欢阅读。"……从这些分享中，我们会看到一个共性关键词，那就是"爱看书"。其实，这也是"学霸"孩子们的一个普遍共性：每一个学霸都是"阅读达人""阅读高手"。

我国著名阅读学专家聂政宁老师，在他的《阅读力》中就提出："阅读力的培养实际上是对人们思维能力的培养，阅读力决定学习力。"同时，聂老师也在 2017 年首次提出"阅读力"这个概念。

所以，如果我们想让孩子变得越来越聪明，成绩越来越好，视野越来越宽阔，那我们就必须去做一件事，是的，就是一件事而已，那就是，陪孩子阅读，大量阅读。

阅读能力是孩子的基本竞争力

阅读除了能够帮助孩子提高学科成绩之外，还有更深远的意义吗？

如果我跟你说，阅读能力就是孩子的基本竞争力，你会认同这个观点吗？

我看到很多的父母，愿意送孩子去各种培训班，比如书法、钢琴、舞蹈、美术，等等。但是，我很少看到有父母愿意送孩子去提升阅读能力。其实这是因为这些父母还没有把"培养孩子阅读能力"放到孩子成长"战略"的高度。

所以接下来的内容，我就和大家详细谈谈为什么我建议把孩子阅读能力的培养放到"战略"的高度，以及为什么说阅读能力就是孩子的基本竞争力。

✦ 海量阅读是"本"，琴棋书画是"末"

我国的"四书"之首《大学》开篇第一段有一句话是这样说的："物有本末，事有终始，知所先后，则近道矣。"这里的大致意思就是说，天地万物，都有本末之分，凡事都有起点和终点。

明白了这些事情的先后次序，那就接近于掌握了事物发展变化的规律了。

那么，对于孩子能力培养这件事情来说，到底什么是"本"，什么是"末"呢？

我之所以抛出这个问题，是因为，我看到很多父母在孩子的兴趣班选择上，很容易跟风，没有自己的选择判断的标准。今天看到有同学去学钢琴，就赶紧给孩子报名钢琴课；明天知道有另外的同学在学跆拳道，又赶紧去报名跆拳道；后来，又有家长说，有个舞蹈班不错，又赶紧给孩子报名。生怕孩子学得太少了，有一种眉毛胡子一把抓的感觉。出现这样的情况，说到底，还是因为自己的内心不够坚定，没有自己的"定海神针"，东一榔头，西一棒子的。

为什么不坚定呢？因为在各种各样兴趣班中，区分不出来什么是本，什么是末。

那么，什么是本，什么是末呢？到底什么才是根本的能力，需要孩子花更多的时间呢？我认为，这个答案，其实是比较明显的，但是，我们很多人不愿意面对。这个核心能力，就是孩子的基础能力，读写算。如果给读写算排个顺序的话，居于首位的就是读，大量的阅读。

你知道为什么吗？因为读写本不分家，写作只是阅读完整活动的终点而已，没有阅读就没有写作。而对于"算"来说，如果想要读懂题目的话，前提还是"读"，阅读。

所以，小学阶段的孩子，抓好"读"，抓好阅读，就是抓住了根本，抓住了内核。阅读是基本能力。我们说的演讲力、表达力、思维力等，哪一项不依赖于一个人的阅读能力呢？如果没有阅读力，没有大量阅读，没有大量的素材积累，没有内涵，演讲力、表达力、思维力等，也只是一个外在的皮囊，像是没有灵魂的"木偶"，任人摆弄而已。

只有知道了本末之分，我们才可能有自己的"定海神针"，给孩子安排兴趣班的时候，就会有自己的权衡。

对于孩子而言，"琴棋书画"等六艺，只是孩子们在核心能力上开出的鲜艳的花朵而已。读写素养是孩子的核心素养。读写素养是"内核"。如果没有这个"内核"，"琴棋书画"等六艺对于孩子而言，就像是一个"空壳"的稻穗，风一吹，就容易四处飘散，像是一朵鲜花，光有花架子，却没有花骨朵，风雨一来，更是容易凋零。

尤其对于一个小学阶段的孩子来说，周末奔波在各大兴趣班的路上，倒不如安安静静地阅读几本书来得更实在、更充实。锻炼孩子的核心能力，用阅读激发孩子的内驱力，这才是孩子成长过程的"本"，抓住这个"本"，才不至于本末倒置。

我们都知道，唤醒孩子的自驱力，并不是一件容易的事情。但是，如果我们的内心足够坚定，我们愿意，在孩子的小学阶段，把阅读的种子深深地种植在这浩瀚的中华文化经典之中，阅读将会给予孩子一生不竭的前进能量！

✦ 培养孩子的阅读能力要上升到"战略"高度

把培养孩子的阅读能力上升到"战略"的高度，是时代的需要，更是时代的呼唤。

2021 年，在全国政协十三届四次会议上，全国政协委员、江苏省锡山高级中学校长唐江澎说过这样一句话："学生没有分数，就过不了今天的高考，但只有分数，恐怕也赢不了未来的大考。"

唐校长在这里说的"未来的大考"是什么呢？"未来的大考"是孩子们人生路上的各种生活的考验，而这才是孩子们最终要面临的大考，正如现在的我们一样，接受着人生路上一道道"考题"的测验。

"未来的大考"，它的"考题"就像是"开盲盒"一样，不到盲盒被打开的那一刻，谁都不知道盲盒里有什么。但是，不管这"盲盒"里有什么，我们都要有接得住的能力，这才是最主要的。不管是酸、甜、苦、辣，我们都得去面对，都得伸出双手去接住它，因为无法逃避。

或许，有人会问：这个"考题"是否有规律可循？有没有"一招吃遍天下"的技法？很多年前可以，就像我们知道的"铁饭碗"一样。但是，现在是知识呈指数级增长的时代，变化实在是太快，过去我们说"三十年河东，三十年河西"，现在可能是"五年河东，五年河西"了。"铁饭碗"已经被无情地打破了。

之前有新闻报道过这样一件事情：在唐山收费站宣布关闭并全体裁员的时候，被裁的员工无法接受这个事实，他们无奈地说："当初我们花钱买到这份工作，以为可以一直做下去，没想到说没就没了，现在我们都30多岁了，除了会收费，现在啥也不会了。"

而且，随着"人工智能"的继续发展，未来会有越来越多的工种被"人工智能"取代。孩子们的未来时代，既没有了曾经光鲜的"铁饭碗"，也没有了劳动密集型的工种，还要随时面临各种变化和挑战。我们的孩子要如何立足？

自主阅读、自主学习的能力，是孩子们立足社会的"定海神针"，也是孩子们抵御未来不确定时代的"护身符"。

樊登在他的《如何读懂一本书——樊登读书法》中说，社会已经进入知识指数级增长时代，一个人在学校学的知识往往无法与社会很好地衔接。如果一个人没有自学能力，不能快速地通过阅读提升自己的知识水平与能力，他很快就会被社会淘汰。

时代在变迁，社会在进步，面对突如其来的各种不确定性，我们唯一能做的，就是让自己能够拥有核心竞争力，让自己不被时代抛弃，不被社会淘汰。

这个核心竞争力就是自我学习能力，就是自主阅读能力。

风物长宜放眼量。

时代的车轮不断前进，社会上有越来越多的"超级个体"的出现。这些"超级个体"的特点就是：超强的学习能力，超强的阅读能力。无论是得到的创始人罗振宇，还是商业顾问刘润老师，或者是樊登读书的樊登老师，哪一位不是阅读高手，哪一位不是阅读精英呢？

把培养孩子的自主阅读能力放到"战略"的高度，已经不是我们想不想的问题，而是这个时代的呼声，这个时代的呐喊声！

第 三 节

被阅读滋养的孩子更有幸福感

你相信吗？被阅读滋养的孩子幸福指数更高。

台湾作家宋怡慧老师就曾经说过一句话，大意是这样的，教育做不到的交给阅读。阅读的过程，就是一种内在的心理疗愈过程。

我曾经有一个学员叫朵朵，五年级的时候，她妈妈带她过来学习阅读。朵朵是家里的独生女，家里经济条件特别好，朵朵的性格一直以来都是很独立、自我，觉得没什么自己办不了的事情。平时她也很大方，喜欢带零食什么的分享给同班同学。同学也喜欢她的大方，喜欢她经常带好吃的来学校分享。但是同学们又都不愿意靠近她，觉得她特别傲气，不具同理心。同学们的做法让朵朵很苦恼，导致她整天都闷闷不乐。她对同学那么好，怎么他们就不愿意靠近她，不跟她玩呢？

为了帮助朵朵打开心结，我们给朵朵准备了一个书单，其中包括很多培养同理心的书，比如《蓝鲸的眼睛》《灵犬莱西》《天蓝色的彼岸》等。朵朵每读完一本书，老师都会和朵朵讨论书中的内容，并提出一些针对性的问题，让朵朵去思考。

后来，随着她看的书越来越多，她认识到了一个更立体、更丰富的世界。她跟同学之间的沟通方式也在无形之中发生了改变，对同学们也有了同理心，同学关系也越来越融洽。后来，在班干部选举的时候，她以最高的票数当选班长。朵朵妈妈也说，自从朵朵爱上阅读之后，天天在家里看书，看完书就跟爸爸妈妈分享，孩子的性格越来越开朗，也学会了换位思考，不再像以前那样自我、那样固执了。

所以，被阅读滋养的孩子，内心会更加丰盈和美好，随着年龄的增长，格局也会更大，会更有责任和担当。

为什么这么说呢？我们一起来看看爱阅读的孩子到底有什么样的人格魅力。

✦　爱阅读的孩子抗干扰能力更强

无论是在书城、阅读馆，还是地铁、热闹的大街上，我们都会看到安安静静地读书的孩子，他们心无旁骛地读着手中的书，似乎外面的世界并不存在。

列宁小时候读书非常专注。他读起书来，对周围的一切都不理会。有一次，他的几个姐妹恶作剧，用 6 把椅子在他身后搭了一个不稳定的三角塔，只要列宁一动，塔就会倾倒。然而，正专心读书的列宁毫无察觉，纹丝不动。直到半小时后，他读完了预定要读的一章书，

才抬起头来，木塔轰然倒塌……

爱阅读的孩子，一旦钻进浩如烟海的书籍里，就像是鱼儿进入了大海，忘记了时间的流逝，他们是那么专注，那么心无旁骛，仿佛外部世界并不存在，他们在书的世界里畅快地遨游。

◆ 爱阅读的孩子有自主探索世界的能力

古话说"书中自有黄金屋""书中自有颜如玉"。一个热爱读书的孩子，手里拿着一把打开未知世界的大门的钥匙，随着他们阅读量的不断加大，他们对这个世界的理解会更客观、更全面、更立体。

古今中外，凡有所建树之人，无不饱读诗书、学富五车。

苏联著名作家高尔基最有名的一句名言就是："我扑在书籍上，像饥饿的人扑在面包上一样。"高尔基在刚满十五岁的时候，就已经博览群书。他阅读了大量的经典名著，其中包括大仲马、雨果、巴尔扎克、海涅、狄更斯、萧伯纳、普希金、托尔斯泰等大师的作品。虽然他是个穷苦的孤儿，但是通过自己的努力，成了一名博学多识的少年。高尔基说："我的一切知识，都是书籍给我的。"可见，书籍对于高尔基来说，是有着多么重大的意义。

◆ 爱阅读的孩子更有勇气和担当

一个爱阅读的孩子，长大后会更有勇气和担当。我们熟知的从小立下了"为中华之崛起而读书"的周恩来，自幼酷爱读书，入学后，经常阅读课外书，尤其是喜欢读孙中山先生办的《民生报》，以及当时中外进步思想家的著作。在这些书报中，周恩来获得了很多课本里学不到的知识，开阔了自己的眼界，更为他"为中华之崛起而读书"的雄心奠定了扎实的基础。

作为父母，还有什么比收获一个爱阅读的孩子，来得更幸福、更开心呢？

教育做不到的交给阅读。放心、放手地把孩子交给阅读，你一定会收获一个不一样的孩子。

整本书阅读，孩子阅读的正确打开模式

上文中我们提到，教育做不到的交给阅读。那么，这个阅读到底是什么呢？是一本本的"阅读理解"题库吗？是一张张的阅读试卷吗？都不是，这里的阅读是指整本书阅读，不是单篇阅读，不是阅读题目。

看到这里，你会不会觉得有点好奇？是不是第一次听说"整本书阅读"这个概念？为了消除大家的疑惑，我们先来说一说什么是整本书阅读，为什么要提出"整本书阅读"。

✦ 整本书阅读不等于刷阅读题

"整本书阅读"这个概念的最先提出者，是著名的教育家叶圣陶先生。1941 年，叶圣陶在《论中学国文课程标准的修订》中首次提道："把整本书作主体，把单篇短章作辅佐。"

在这么多年的应试教育的训练中，很多家长在谈到阅读的时候，第一反应想到的是，阅读等同于看语文书，也就是读"课文"，读一篇篇的小短文；更有一些家长，喜欢把"阅读"直接理解成为语文试卷上的"阅读理解"题目。要孩子"阅读"就是要孩子做"阅读理解"的试卷。一旦发现孩子没有做题，而是在看课外书的时候，他们认为，孩子不务正业，是在浪费时间读"闲书"。

因为考试的压力，迫切希望看到孩子成绩上的进步，家长们难免会严格要求孩子。当他们发现孩子的阅读成绩不好的时候，会买一堆堆的阅读理解题给孩子做，期待通过"题海战术"帮助孩子提升阅读理解。然而这样做的效果往往适得其反。很多孩子，特别是低年级的孩子，面对这些枯燥的阅读理解题，根本就不知道怎么动笔，而这种畏难的情绪会影响到孩子对阅读的兴趣。久而久之，很多孩子的阅读兴趣还没激发就被扼杀在摇篮里了。

其实，真正的阅读不是刷阅读理解题目，而是整本书阅读，只有整本书阅读才是孩子阅读的正确打开模式。

✦ 整本书阅读是孩子适应未来学校学习的基石

《义务教育语文课程标准》指出："要重视培养学生广泛的阅读兴趣，扩大阅读面，增加阅读量，提高阅读品位。提倡少做题、多读书、好读书、读好书、读整本的书。"

温儒敏教授也多次谈到，要鼓励孩子"多读书，读好书，读整本的书"。

在刚刚发布的《义务教育语文课程标准（2022年版）》中，针对不同的年级段，对"整本书阅读"给出了详细的指导说明，我们先一起来看看。

第一学段（1～2年级）：尝试阅读整本书，用自己喜欢的方式向他人介绍读过的书，养成爱护图书的习惯，课外阅读总量不少于 7 万字。

第二学段（3～4 年级）：阅读整本书，初步理解主要内容，主动和同学分享自己的阅读感受，课外阅读总量不少于 40 万字。

第三学段（5～6 年级）：阅读整本书，把握文本的主要内容，积极向同学推荐并说明理由。扩大阅读面，课外阅读总量不少于 100 万字。

这些说明中有三个核心点：

第一，读整本书，越早越好。

第二，阅读量一定要跟上，读得越多越好。

第三，阅读完一本书之后，要分享，多分享。

其实"整本书阅读"并不是新的阅读方式，我国古代的读书人所说的阅读，基本就是"整本书阅读"。无论是儿童读的发蒙之书《三字经》《百家姓》《千字文》，还是《大学》《中庸》《论语》《孟子》等，无一不是整本书。

现在我们大力提倡"整本书阅读"，只不过是让阅读重回常态，让阅读重回阅读。只有让阅读重回常态，孩子们才可能会有在阅读中自由呼吸的机会；也只有让阅读重回常态，孩子们才有在书海中自由遨游的机会。也只有这样，可能才会有越来越多的父母，愿意放下"题海战术"，用一颗安静的心陪孩子阅读。

我有个学员名叫涵涵，就读国际部的四年级。原本涵涵是个特别开朗、爱看课外书的小朋友。但是，涵涵妈妈性子很急。涵涵进入三年级之后，语文的阅读理解题目越来越多，也越来越难，涵涵的语文成绩下降了很多。涵涵妈妈认为这是孩子的阅读理解能力太弱，于是，给她开始"题海战术"，买了很多阅读理解的书，还要求涵涵每天必须做三篇阅读理解题目。涵涵特别地反感，没有兴趣，只是敷衍了事，渐渐地语文成绩更加糟糕了。

涵涵妈妈见孩子的状态越来越差，带孩子来到咨询室。我问涵涵妈妈为什么不陪孩子多阅读。她说："我以前看到她老拿着书看，成绩又不见好，我心里着急，恨不得把她的书扔掉。看这么多书，成绩又不好，还不如直接做题……"

后来，经过沟通，涵涵妈妈终于明白了纯粹的刷题带给孩子的不良影响。她不再逼孩子刷题，而是陪伴孩子阅读。慢慢地，涵涵的心态变好了，理解能力也一步一步得到提升。

这是个典型案例：因为父母太急于求成，想通过"题海战术"快速提高成绩，他们完全不顾孩子内心的感受，导致孩子出现逆反心理，成绩也越来越差。其实，不管是把读"闲书"当成浪费时间，还是把"阅读"对等同于"阅读理解"，本质上来说，都是父母们急功近利，太急着想要看到孩子成绩上的进步。

如果我们愿意把孩子的成长线拉长了来看，把阅读能力的培养放到终身成长上来看，或许，我们的心态会稍微平和一点。我们也就不会"舍本逐末"了。

孩子的阅读能力是后天养成的

看到这里，不知道你会不会有点焦虑了？既然阅读这么重要，可我家孩子就是不爱阅读，还没有完整地读过一本书，那怎么办呢？是不是孩子天生阅读能力不行呢？其实大可不必担心，因为这里有一个事实，那就是阅读能力不是天生的，是靠后天养成的。

白学军老师是天津师范大学的教授，也是一名研究儿童阅读心理学的专家，他写过一本《阅读心理学》的书。他曾经说过，不管是获得性阅读障碍儿童（指先天或后天大脑损伤以及相应视听觉障碍造成的阅读困难），还是发展性阅读障碍儿童（指智力正常，但是阅读水平落后于相应智力水平或生理年龄的现象），他们的阅读能力通过后天训练都可以得到改善。

作为一名从业多年的心理咨询师，我接触过上千名患有"阅读困难"的孩子。通过系统的阅读训练，他们的阅读情况都得到了改善。从这些个案中，我发现，只要教给孩子正确的阅读方法，无论是阅读兴趣还是阅读能力，都能有质的飞跃。我也坚信只要孩子们习得正确的阅读方法，每个孩子都可以成为阅读高手。

我有一个学员叫薇薇，小学五年级。她和我说的第一句话迄今为止我都记得很清楚。她说："老师，我也知道阅读的重要性，我也特别想阅读，但是我每次想看书就怎么也看不进去，我很懊恼，我看到同学们语文成绩很好，我也很生气，气我自己不会阅读。"看到薇薇真诚的眼神，我很能理解她的心情。后来她在接受了我们的系统训练之后，阅读能力得到提升，语文成绩提高了，整个人的状态都改变了，整个人看起来很自信。她说："原来阅读是这样的，以前总觉得书就像是我眼前的一座大山，我怎么努力都登不上去，现在，我终于可以轻轻松松地登上横在我面前的一座座高山了。"

像薇薇这样的孩子特别地多，从实际情况来说，他们并不是真正阅读困难的孩子，他们只是一群不知道怎么去阅读的孩子。

工作中，我看到特别多的孩子因受困阅读能力，导致一些心理问题。有些孩子，因为语文成绩不好，阅读理解太差，被贴上"阅读障碍"的标签。有些孩子因为不会阅读，看不懂题目，各科成绩不尽如人意，对学习失去信心。有些孩子，虽然自己知道阅读很重要，也知道要阅读，但是苦于阅读不得法，内心十分焦虑、苦闷。

为了帮助更多的孩子，让孩子从阅读中受益，我曾经把工作中常用的方法整理出来，并且教授了一些老师，以帮助更多的孩子突破阅读障碍，爱上阅读，学会阅读。

随着老师队伍的增多，我们接触到的孩子也越来越多。有幼儿园的孩子，有小学阶段的孩子，也有初中一二年级的孩子。这些孩子中，有些孩子的成绩已经很优秀了，但是父母还是希望孩子可以多读点书，多阅读经典书。当然，也有些被贴上"阅读障碍"标签的孩子被送过来，还有一些手机成瘾的孩子。这些孩子，在接受了系统训练之后，优秀的孩子变得越来越优秀；阅读困难的孩子突破了障碍，阅读能力得到了很大的提升。

这些孩子的实际阅读水平各不相同，需要接受的心理辅导、个性化阅读训练也各不相同。为了更好地帮助孩子们，我们会根据孩子们的实际阅读水平，把来咨询的孩子分成三种类型，我们会用不同的方式帮助他们提升阅读能力。

如果你也想了解一下自己孩子的阅读情况，你可以先对照看看他属于哪一类读者。

◆ 第一种类型："支持型"读者

"支持型"读者的主要特点有三个。

第一，阅读能力比较差，没有阅读习惯，一年可能读不了一两本书。

第二，学习能力比较差，除了语文成绩差，其他科目的成绩也不是很好。

第三，内心很脆弱，比较敏感，容易被贴上"阅读障碍""阅读困难"的标签。

小余来到工作室对我说的第一句话就是："老师，我有阅读障碍，我看到书就头晕。"可以想象，一个自我评价如此之低的孩子，他的成绩会是怎样的，心理压力又会有多大。但是，当我们走进小余的内心之后，我们发现，其实孩子并不是真的不爱阅读，而是不知道如何阅读。

当老师问他："你想看书吗？"孩子斩钉截铁地说"想"。我们听到孩子的这个回答的时候，心里特别地激动。因为即便是被老师冠以"阅读障碍"这样的标签的孩子，他的内心也是渴望阅读的。

经过系统训练之后，小余的阅读能力得到了质的飞跃。每天晚上都坚持阅读打卡。学期期末还被老师评为"阅读进步之星"。

小余是典型的因后天教养方式不当，导致阅读障碍的孩子。对于这样的孩子，我们给予孩子心理辅导与相应的阅读能力训练，从心理和技能上帮助孩子突破阅读障碍，提升其阅读能力。

如果你家孩子是"支持型"读者，不用担心。每个孩子都有一颗向上的心，只是他们需要帮助，需要支持，需要我们给他突破的力量。至于具体怎么帮助孩子，我们会在本书的后面章节做详细说明。

第二种类型："潜力型"读者

"潜力型"读者的主要特点有三个。

第一，学习成绩不上不下，中等水平；阅读习惯不稳定，偶尔看看书，但是不能坚持，也没有表现出阅读的兴趣。

第二，耐心不够，当父母想靠近他们，给他们帮助的时候，他们经常不耐烦地说："好了，好了，我知道了。"表面看起来，没有很强的学习意愿。

第三，对自己感兴趣的事情，特别愿意投入。但是对不感兴趣的事情，一点都不愿花时间。

为什么说这类孩子是"潜力型"读者呢？

这些孩子之所以是这样不上不下的状态，最主要的原因是他们没有得到更多的关注，或者说他们没有体验到更多的成功的喜悦。他们就像是游泳池里面的那些"浮漂"一样，既不突出，也不太差。

我工作中所接触到的孩子，几乎80%都是这种类型。他们对于阅读的表现是不温不火，既不热情，也不排斥。

对于这种类型的孩子，如果我们可以突破孩子的心理，让他们体会到阅读的乐趣，他们的表现往往会出乎意料。随着阅读的深入，他们就好像变了一个人一样，对阅读表现出莫大的热情和期待，而且，随着阅读能力的提升，他们的综合各科成绩都得到了提高。

如果你家孩子是这种类型的孩子，给予孩子鼓励。孩子一旦爱上阅读，就像是"潜力股"一样，大有势不可当之势。

第三种类型："上游型"读者

"上游型"读者又有哪些特点呢？

第一，学习成绩很优秀，喜欢阅读。

第二，阳光、自信、积极、主动，大方得体。

第三，阅读面不是很广，阅读速度不是很快。

这一类型的孩子，非常优秀，有自我意识，能够主动阅读，并且有了一定的自主阅读能力。他们在阅读方面的问题：有的可能是阅读面比较窄，只看自己喜欢看的那一类书；有的可能是阅读的速度太慢，希望提高自己的阅读速度；有的可能是读了很多书，但是不会写作……

小何就是这样一位"上游型"读者。他的成绩很好，也爱阅读，但是，只看他喜欢看的书，不喜欢看名著，不喜欢看历史。后来，在学习了系统的阅读能力课程之后，小何的语文成绩显著提升。小何妈妈说，小何现在六年级的语文成绩基本保持在九十八九分，也越来越自信了。

如果你还想更进一步地了解孩子的具体阅读情况。你可以参照下面这份"阅读能力诊断清单"，看看孩子是否有清单所提到的项。

（1）孩子的基础很薄弱，三年级了，很多字词不认识。

（2）阅读的时候，坐不住，看几分钟就想跑开。

（3）看完书，记不住内容，一问三不知。

（4）看书看得很慢，一个月，甚至一个学期才能看完一本书。

（5）不能完整讲述书的内容；不能回答针对所读内容的问题。

（6）做题目的时候，有家长陪着，读一遍题目就能够答对；如果自己独立完成，错误很多。

（7）小学高年级了，只喜欢阅读漫画，不喜欢阅读文字书。

（8）对文字理解很浅显，很难理解作者的深意，对文章的主要意思理解不透彻。

如果你家孩子的相符项少于3项，则说明孩子的阅读能力不错，还有提升的空间。

如果你家孩子的相符项多于6项，则建议多关注孩子的阅读情况，并寻找解决方法。

孩子阅读能力的培养，一定是越早越好，越早越受益。

第 二 章

阅读启蒙期，轻松培养孩子的阅读"基因"

人之气质，由于天生，本难改变，唯读书则可
变化气质。

——曾国藩

阅读启蒙，从什么时候开始好呢？

要是错过了阅读启蒙期，孩子的阅读能力还能培养出来吗？

在孩子阅读启蒙期，父母可以做些什么呢？

关于孩子阅读启蒙，很多父母会有疑问，特别是那些关心孩子阅读的新手父母们，总是因为害怕错失孩子成长关键期，而对孩子过度关注。

除了新手父母之外，也有一些父母，是因为孩子进入小学高年级阶段，发现孩子的阅读能力太差，而紧急寻求专业帮助。

这一章，我们就一起来聊一聊孩子的阅读启蒙。

做对这两件事，轻松培养孩子阅读"基因"

随着阅读的推广和普及，越来越多的父母在孩子婴幼儿时期关注孩子阅读能力的培养。这是非常正确的，因为孩子的阅读能力培养，一定是越早越好。

根据心理学研究，0～6岁是儿童最佳的阅读启蒙期。当孩子在0～6岁阶段，父母能够坚持陪伴孩子阅读的话，孩子在正式步入小学阶段之后，他的自主阅读能力会比一般的孩子高出很多。

假如你家孩子刚好是0～6岁的关键期，而且你已经开始了亲子阅读，我相信，孩子的阅读道路会越走越宽。所以，一定要坚持，不要错过了这个关键期。

但是，在我的工作中，我还接触了很多家长，他们面临的问题是，孩子已经错过了0～6岁的阅读启蒙期，孩子已经进入小学高年级，甚至有些都已经上初中了，但阅读能力欠缺，严重影响了学业。那么孩子这么大了，现在进行阅读训练，还来得及吗？

我想说的是，一切都来得及，只要孩子愿意学，什么时候开始都不算晚。阅读是一种技能，虽然它不能立竿见影，一两天就学会，但是，只要孩子能够掌握正确的阅读方法，并且持之以恒地坚持加以练习，孩子的阅读能力就会有所提高。

这一节，我们的重点是聊聊孩子正式开始阅读之前，父母可以做的事情有哪些。

✦ 坚持读故事给孩子听，培养孩子的倾听能力

美国读写能力顾问梅·福克斯曾经说过这样一句话："孩子在真正开始阅读之前，必须先聆听 1 000 本故事书，这样他才有阅读的愿望和动力。"大量的语言词汇刺激，对激发孩子的阅读欲望起着重要的作用。

可是问题来了，孩子处在幼童期，给孩子读故事是个不错的办法，那如果孩子读小学、读初中，给孩子读故事还有用吗？肯定是有用的。

世界语言学家、阅读教育理论研究者斯蒂芬·克拉生写过一本《阅读的力量》，他在书中提到一项关于给孩子读书的效果研究。Pitts（1986）给具备"基本技能"的大学生（聪明但是基础不佳的学生）读书听，每周 1 小时，持续 13 周。所读的书包括马克·吐温（Twain）、塞林格（Salinger）、爱伦·坡（Poe）与瑟伯（Thurber）等的著作，读完后他让大家讨论。Pitts 的报告中说，比起其他班的学生，听老师读书的这个班的学生，从阅读实验室中借出的书往往更多，而且期末报告也写得更好。这项研究说明，只要有人读书给他听，即使是大学生，也会变得爱看书。也就是说，就算是大学生，如果有人坚持给他读书，他也会变得比以前更爱阅读，更何况是小学生，初中生呢？

所以，不要怀疑，如果孩子还在父母的身边，没有去寄宿学校的话，要赶紧读书给他听。

那具体怎么读？工作太忙了，有没有别的方法来代替呢？

如果工作太忙，实在是没有一点时间可以挤出来读书给孩子听的话，用质量可靠的电子音频来代替自己给孩子读书，也是可以的。但是这样做可能有一个不好的地方，就是有些孩子，可能并不太喜欢这样的方式，因为他会习惯把这些音频当成背景音乐，甚至是催眠曲。所以，为了确保效果，我们还是极力推荐家长给孩子读书。打个比方，父母自己给孩子读书，就像是母乳喂养；听音频，就像是配方奶粉喂养。虽然，配方奶粉对孩子也有帮助，但是它的功能终究是比不过"母乳喂养"。

记得《朗读手册》里有一句这样的话："也许你拥有无限的财富，一箱箱的珠宝和一柜柜的黄金，但你永远不会比我富有，我有一位读书给我听的妈妈。"我想，多年之后，长大的孩子跟我们说出这样一句话的时候，那可能是对我们为人父母这个角色的最大的褒奖吧。

另外，这里要提醒一下，为孩子"读书"，而不是"讲书"。我们说的"读书"，是指家长照着书本原原本本地读给孩子听，而不是家长用自己的口吻转述给孩子听，也就是说直接朗读，照着书念，不要用自己的口吻转述。

为什么要这样呢？因为，故事书中的语言组织、语言风格，还有内容逻辑线都是非常严谨和专业的。从小给孩子读书，在潜移默化当中会影响孩子的语言组织能力和逻辑思维能力。

在一次分享会上，我们做了一个小实验。把 10 个家庭分成两个组，一个小组的家长分角色给孩子读《美人鱼的故事》，另一个小组的家长看完美人鱼的故事用自己的语言讲给孩子听。

第一组的家长，给孩子读的内容是这样的：

> 在很深、很深的海底，有一座雄伟的城堡，里面住着六位人鱼公主，她们都十分美丽，尤其是最小的公主，她留着金色的长头发，比姐姐们都漂亮，她最喜欢听姐姐们说许多海面上的新鲜事，因此，小公主常想着，有一天能自己到海面上看看。

第二组的家长，给孩子讲的内容是这样的：

> 在一座城堡里，住着六位人鱼公主，她们都很漂亮，特别是最小的那个小公主。小公主喜欢听姐姐们讲故事，她希望有一天能到海上去看看。

我们可以自己来感受一下，第一组读的内容和第二组讲的内容，给我们留下的印象是不是有点不太一样，无论是故事的风格，还是语言逻辑，读故事的体验感都更加美好。

所以，记住：轻松培养孩子阅读"基因"的第一个方法，就是给孩子读书，而且是大量地读书，不管孩子是 0 ~ 6 岁，还是小学、初中，这个方法都是非常实用的。

✦ 背诵经典，锻炼孩子"说"的能力

相关研究结果表明，0 ~ 6 岁是孩子记忆力最强的时候，这个阶段的孩子很容易把一部又一部看似晦涩难懂的经典背下来。

我有一个早起读经典的习惯，但当时并没有想过要教自己的孩子读经典。

每天早上，当孩子还在睡觉的时候，我都会早起，背诵《大学》《中庸》《论语》，每天坚持背诵三遍。后来，有一次幼儿园组织出去游玩，中间在玩一个游戏，我突然听到我的孩子在背诵《大学》，而且一字不差。当时我就被震撼了，那一刻我才真正理解了什么是言传身教。

后来，我发起了一次班级经典诵读活动，所有参加的小朋友们，在边玩边学的过程中，都非常快地把《大学》还有《三字经》给背了下来。

我曾经还带三年级以上的孩子们一起挑战背诵《大学》，大部分孩子都可以在两天时间内把这部经典完完整整地背诵下来。

每次开始这个训练的时候，经常被很多孩子质疑："这怎么可能背下来吗？很多字都不认识。"但是，经过训练之后，开始最没有信心的那些孩子们，也都能够背下来，完成自我挑战。

我有一个学员叫慧茹，一年级时来到了我们的阅读馆，很多字都不认识。起初跟着经典诵读班读《大学》的时候我还有些担心，但结果是她和其他孩子一样也完整背诵出来了。后来她开始背诵《小学生必背古诗词》就特别轻松了。她说："我连《大学》这样的文言文都能够背下来，这样的小古诗简直是太简单了。"

如果把孩子的阅读看成是建一栋大楼的话，给孩子阅读启蒙就是在为这栋大楼打地基。只有夯实了地基，才能确保这栋大楼

的稳固性和安全性。所以，不管您家孩子现在的阅读能力如何，不妨先把这两种方法用起来。坚持不懈地给孩子"读故事"和带孩子"背经典"，就能打牢这个阅读大厦的地基。

另外，除了上面这两种方法以外，还有一个阅读启蒙"四角架"，通过这个"四角架"孩子的阅读基础会更扎实。

这个阅读启蒙"四角架"是指：

（1）玩中学：在轻松愉悦的心理状态下开始阅读。

（2）桥梁书：为绘本阅读自主过渡到纯文本阅读搭建一座直通桥梁。

（3）识字量：在阅读中解决识字不足的问题。

（4）阅读角：给孩子温馨的阅读环境，让孩子享受阅读。

学中玩，玩中学，在游戏中启蒙阅读意识

美国著名心理学家、哲学家，哈佛大学教授威廉·詹姆斯的"趋避原理"表示，大脑越开心，学习成效就越高。

同理，孩子的阅读初体验越好，孩子对阅读的感觉就会越好。如果孩子刚接触阅读的时候，是在一种被逼迫的状态下展开的，那么，孩子的大脑就会把阅读这件事自动地与不愉快的感受联系起来。如果这样的次数多了，大脑就会自动地做出"回避阅读"的决定，这是很多孩子在后来的成长道路上不愿意阅读、不喜欢阅读的一个非常重要的因素。所以阅读的启蒙时期，要给孩子很好的阅读初体验，为后面激发孩子的阅读兴趣打下良好的基础。

怎么做呢？"学中玩，玩中学"就是个很不错的方法。

这里推荐四种游戏阅读法，大家不妨按照这些方法来带孩子一起阅读。这四种阅读方法包括"寻宝记""宝贝猜猜猜""小鬼当家""故事串串串"。

第一个游戏：寻宝记

这是一个很简单的游戏，爸爸妈妈们完全可以在家里跟孩子玩起来。

首先，找一本儿童读物，可以是任何带图画的文本。父母陪着孩子打开书一页一页地浏览，尽量在书中寻找一些有趣的画面、细节、事实。

然后，开始跟孩子在书中寻找宝藏。父母可随意翻开一页，问孩子："宝贝，请问在这里你能找到一些什么动物呢？""这里都有什么呀？你看到了什么？"……

"寻宝记"这一游戏的重点是：引导孩子参与互动，让孩子爱上阅读。所以，通过"寻宝记"的游戏，带动孩子在书页中多停留一会，给孩子一种好玩的阅读体验感。

① 宝贝，请问这里有哪些动物？

② 这里有几种颜色的花朵？

③ 你还能找到什么宝贝？

④ 这里……

这样的阅读初体验，带给孩子的是阅读的美好，而不是阅读的生硬和无趣感。

第二个游戏：宝贝猜猜猜

"宝贝猜猜猜"主要是锻炼孩子的想象力和记忆力。

具体怎么做呢？

首先，找一本儿童读物，可以是任何带图画的文本。父母可以跟孩子一起快速地翻阅这本书，从第一页到最后一页。

然后，翻开第一页，要孩子凭记忆和想象，说一说故事的下一步是怎样的。等孩子说完以后，和孩子共同翻开第二页，把故事看一遍，依此类推。

游戏过程中，父母可以恰当配合孩子："然后呢？""接下来呢？""最后呢？"……孩子猜得对或者不对都没有关系，重点是：鼓励孩子，给孩子信心。

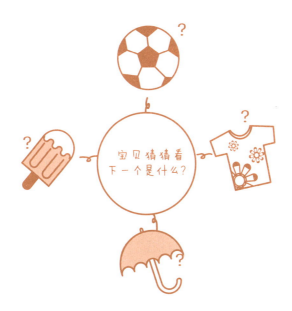

宝贝猜猜看 下一个是什么？

第三个游戏：小鬼当家

"小鬼当家"主要是锻炼孩子的口头表达能力与语言组织能力。

首先，找一本简单的读物，文字不需要太多的那种，父母与孩子共同认真读完这本书。

然后，让孩子拿着这本书，用角色扮演的方法讲述书中的内容。

最后，孩子讲完之后，父母要举手提问题。比方说：这个图画，你学到了什么？你的体会是什么？你喜欢这个故事的主人公吗？

第四个游戏：故事串串串

"故事串串串"主要是锻炼孩子的语言组织能力，训练孩子使用过渡性词语的能力。

首先，找一本亲子阅读读过的故事书，可以是寓言故事，也可以是童话故事。

然后，父母同孩子共同回顾故事内容。回顾过程中，父母可以有意识地引导和强化一些词语，如"从前、一直、经过、尽管……"。

这些游戏既可以创造美好的亲子互动时光，又可以锻炼孩子的语言表达、想象力等。这些游戏适合低幼年龄段的孩子。

如果你家孩子已进入了小学高年级了，我们推荐以下两款游戏："角色对话""抢答游戏"。

游戏一：角色对话。

具体的做法：首先，找一本简单的读物，或者图文相结合的故事书，然后，家长和孩子分角色朗读，或者是家长和孩子每人读一段，轮流读。

故事串串串

这个故事怎么开始的呢？发生在哪里呢？

然后呢？

经过是怎样的？

在那之后呢？

后来呢？

……

……

……

游戏二：抢答游戏。

很多孩子都喜欢抢答游戏。那么怎么做呢？抢答什么呢？

家长可以和孩子共同朗读一段优美的文字，然后，随意说出一个词语，看这本书中有没有出现这个词。这个活动最好是三个人一起玩，一个人出题，两个人抢答，谁先抢答到正确的答案，就给谁一些小小的奖励。

以上是一些可以在家里练习的阅读游戏，父母可以陪孩子一起动起来，在游戏中阅读，在游戏中感受阅读的乐趣。

第 三 节

从绘本阅读过渡到纯文本阅读的最佳时期

当孩子有了很好的阅读体验之后，我们需要思考的问题是：怎样引导他们从"玩中学，学中玩"过渡到真正的文本阅读呢？

孩子还小的时候，我们可以通过陪孩子阅读绘本来培养孩子的阅读习惯。但是，当孩子到了小学三四年级的时候，就需要从绘本阅读过渡到纯文本阅读了。如果这个阶段没有过渡好，就会影响孩子的自主阅读能力的发展。

很多孩子在小学高年级的时候，出现了不爱阅读、不会阅读的情况，究其根本，主要是因为由绘本阅读到纯文本阅读的过渡没有做好。

我有一位学员，是四年级的孩子，他总是看漫画，不看老师规定的必读书。父母和老师怎么说都没有用。在跟孩子的沟通中我们了解到，原来孩子在小时候看了很多绘本，喜欢看带图片的书。上二年级的时候，班上很多同学带漫画书去学校，他觉得漫画书太好看了。其他的书都太厚，都是密密麻麻的字，他不喜欢，也读不

进去。了解情况后，我挑了一本《老鼠记者》给他，让他试着看一看。没想到，孩子看着看着就入迷了。他说："没想到这本书也像漫画书一样好看。"

根据孩子的实际情况，我给了孩子妈妈一些"桥梁书"的书单，让她挑一些买回家给孩子看。后来，这位妈妈给我发微信说，孩子特别喜欢看这些书，一口气把这一系列的书全读完了，也没有再吵着妈妈要买漫画书看。

这个孩子就是典型的从绘本阅读到纯文本阅读过渡没有做好。

在工作中，我发现这样的孩子还是挺多的，他们沉迷于漫画书，不愿意看文本书。家长们可以观察一下自己家的孩子有没有存在这样的问题。如果有这样的情况，建议把"桥梁书"好好利用起来。千万不要小瞧"桥梁书"的作用。它不但可以给孩子很好的阅读体验，而且可以提振孩子的自信心。

很多父母并不知道"桥梁书"的存在。所以，很多孩子的阅读路径基本是这样的一种情况：学龄前阅读绘本，孩子觉得阅读很有趣，很开心。但是当孩子入学之后，孩子要读的书，马上变成了那些经典必读书目，比如《小王子》《朝花夕拾》《海底两万里》等，孩子根本就没有能力一下子适应这么厚的书。这就好比是一个刚刚学会走路的孩子，一下子就要求他冲刺1 000米跑，这对孩子来说是一种莫大的挑战。因此，在绘本阅读到纯文本阅读之间，应该有"桥梁书"来过渡。

那么什么是"桥梁书"？什么时候是最佳的过渡期？到底有

哪些好的"桥梁书"适合孩子们呢？

"桥梁书"指的是介于绘本和纯文本之间的一种图书类型，也就是半文字半图画的图书。它就像是搭起绘本书和纯文本书之间的一座桥梁，所以叫做"桥梁书"。"桥梁书"也是从亲子阅读过渡到自主阅读的"桥梁"。

一个孩子从绘本阅读过渡到纯文本阅读的最佳时期一般是小学二年级的时候，也就是 7 ~ 9 岁。如果你家孩子刚好是这个年龄段，那你就可以让孩子阅读"桥梁书"了。如果你家孩子已经过了这个年龄段，依然只读绘本书，那你也需要关注孩子的阅读，有意识地把"桥梁书"纳入他的阅读计划。

【桥梁书书单】

（1）《青蛙和蟾蜍》，共四册。故事主要讲述了青蛙和蟾蜍这对好朋友的故事，既感人又有趣。孩子们读来轻松有趣，没有压力。

（2）《神奇校车》（"桥梁书"版），共 20 册。《神奇校车》既有绘本版，也有"桥梁书"版，购买的时候要留意一下。这套故事书采用生动有趣的文字和配图，不仅可以让孩子们在阅读中感受科普知识的魅力，还能潜移默化地培养他们的想象力和阅读兴趣。

（3）《老鼠记者》，共 60 册。这套书主要是从老鼠的视角描绘人间百态，既幽默又富有哲理，是一套阅读体验感很好的书。

（4）《启发童话小巴士》系列，共 10 册。它是国内首套将幽默教育大胆融入阅读的图书。夸张、幽默的文字，可以让孩子们尽情地驰骋想象。

（5）《我爱阅读桥梁书》系列。该系列图书根据阅读难度分为蓝色系列、黄色系列、红色系列。家长可以根据孩子的年龄段和实际的阅读水平来选择购买。

当我们把这些"桥梁书"买回家之后，怎么引导孩子阅读呢？

一般来说，只要前期父母陪伴孩子阅读，孩子一般都会很愿意读这些有趣又轻松的"桥梁书"的。记住：当孩子自主阅读时，家长一定要给予更多的支持和鼓励；不要随意打断孩子阅读，更不要批评孩子。

比方说，孩子正开开心心地阅读着一本长篇故事读物，边读边放声大笑，好不惬意。这时候，妈妈下班推开门，包一放，发现家里乱七八糟，于是，气不打一处来，随手抢过孩子手中的书，劈头盖脸一顿臭骂："你看看你，天天看书，作业做完了吗？一天待在家里干什么啦？卫生卫生这么乱……"

再比如说，孩子正在安静阅读，妈妈却要孩子大声朗读，孩子不听，妈妈就生气地站起来说："怎么回事呀？要你大声读，大声读，字不认识吗？嘴巴不舒服吗？……"

美国作家丹尼尔·佩纳克的《读者的权利》中提到了读者的十大权利，在此分享给为人父母者。

读者的十大权利：

（1）不读书的权利。

（2）跳页读的权利。

（3）不读完整的一本书的权利。

（4）反复阅读权利。

（5）什么都可以读的权利。

（6）沉入书中想入非非的权利。

（7）在什么地方都可以读的权利。

（8）粗略翻阅的权利。

（9）大声朗读的权利。

（10）不必为自己的品位辩护的权利。

怎么样？当你一遍又一遍地读着这十大权利的时候，心态会不会放平和一点？我跟很多父母分享的时候，他们都会笑着说："原来还有读者权利，还真是第一次听说。"

如果你也是第一次听说，不妨多读几遍，这样的话，当我们看到孩子阅读时的一些行为时，就可以先缓一缓说："嗯，他们是有十大权利的。先不生气，等气消了之后再说。"

怎样在阅读中提升识字量？

在开始自主阅读前，还有一个问题要面对，那就是孩子识字量的问题。

孩子的识字量不足，怎么办？字都不认识几个，孩子能自主阅读吗？是不是应该先教会孩子汉字，再开始自主阅读？这是很多低年级孩子的父母经常问的问题。

那么，到底是先教会孩子认字，还是先让孩子阅读？这个问题，真的有点像先有鸡还是先有蛋的哲学问题。

正确的打开模式是：不要脱离场景，单独机械地教孩子认字，而要在阅读中提升孩子的识字量。

阅读馆里有很多小读者，大约五六岁，但是他们的阅读水平很高，有些孩子都可以独立阅读"桥梁书"了。

我有一位学员叫豆豆，才5岁。她妈妈经常带她来阅读馆，虽然还在读幼儿园，但是她的识字量估计有小学二三年级的水平。她妈妈分享说，她并没有单独地教孩子识字，也没有买一张张的字卡来机械地训练孩子。

她做的最多的事情就是给孩子读绘本，指着绘本上的字一个字一个字地读给孩子听。有一天，她发现，豆豆居然可以自己独立读完《卡梅拉》。那一刻她真的是太开心了，也非常感慨孩子的超强学习能力。

随着儿童阅读、亲子阅读的普及和推广，我们发现，越来越多的孩子通过早期阅读积累了丰富的识字量，甚至有些孩子在读小学之前，就掌握了成百上千的字词。这些积累能够帮助孩子顺利地过渡到自主阅读中来。

大量数据和实践证明，在孩子小的时候，通过大量的阅读体验，不断地刺激孩子的神经元系统，不但可以促进大脑发育，还可以培养孩子的阅读兴趣。

一位三年级的孩子，总是记不住语文课本上的字。每次做家庭作业的时候，妈妈总要把当天学习的生字听写几遍。但即便是这样，第二天，孩子回到学校继续听写的时候，还是会写错。孩子和家长都不知道怎么办。

孩子妈妈来咨询的时候，我问她以前有没有带孩子阅读的习惯。她说，以前工作太忙，都是买些书回来，让孩子自己读。一二年级的时候，我也没怎么管他的作业，谁知道到三年级就这样了！于是我建议这位妈妈开始陪伴孩子读书。这位妈妈是个执行力非常强的妈妈，从那之后，她每天都会与孩子读书，妈妈读完一段，孩子接着再读一段，这样不断地循环训练。

坚持了半年的时间，孩子对文字的敏感度提高了很多，基础字词的听写情况得到了很大的改善。

　　所以，如果你觉得你家孩子的识字量不足的话，不用想其他的识字训练方法，就让阅读来帮孩子吧。

家庭阅读空间打造，为亲子阅读点一盏灯

著名教育家陈鹤琴先生在《为儿童营造良好的环境》一文中指出："要孩子学会阅读，我们的家庭、我们的社会，必定要先有阅读的环境。"阅读环境对孩子的阅读兴趣、阅读能力的培养起着至关重要的作用。而家庭阅读环境的营造对于一个孩子的成长来说，更是重中之重。

长期从事青少年心理问题研究的李玫瑾教授，曾经在一场家庭教育的讲座中提到了类似观点，大意是说，现在很多家庭出现了一个普遍的现象——家庭结构完整，但是功能不在。什么叫结构完整呢？家庭成员有爷爷奶奶，有爸爸妈妈，这样的家庭结构就是完整的。但是，功能是什么？功能就是家庭成员之间的思想交流互动。比如我们每天全家一起吃饭，大家一起谈天说地。一家人在一起读书，也是一种很好的家庭互动方式。因为读书的过程中，自然就会有交流。李玫瑾老师还举了一个例子。她说，当年上海复旦大学发生的那起投毒案的作案人，在他最终判决之后，他通过律师给家里留了一封信。在那封信里，他说以后家里人一定要经常读一本书。读完后，大家围绕着读的这本书，然后

各自谈自己的想法。现在很多人都在思想上无家可归，也就是李玫瑾教授说的结构都在而功能不在。

没有哪位父母愿意让自己的孩子成为一个思想上无家可归的人。而打造家庭阅读环境，不单单是为了培养孩子的阅读习惯，实际上也是给家庭成员思想交流提供一个最佳的契机，让孩子从小就成为一个思想上有家可归的人。

那怎么来打造家庭阅读环境呢？我分享一个"五问清单"，家长可以按照这个来打造家庭阅读环境。

（1）孩子是否有独立的阅读环境？

（2）阅读环境是否安静？

（3）阅读氛围是否浓厚？

（4）阅读藏书是否足够多？

（5）阅读之后是否有交流互动？

接下来，我们根据清单一项一项来检查。

孩子是否有独立的阅读环境？如果有，可以跳过这段文字。如果没有，建议给孩子打造一个独立的阅读环境。

马上环顾一下家，看看哪个地方最适合孩子阅读。锁定这个地方，立刻动手打扫，打扫干净后，把孩子的书架、书桌移过来摆放好。当然，我们也可以好好装饰一下，买些花、绿萝等，让这个阅读空间充满生机。这个地方以后就是孩子的专属阅读空间。阅读空间还有一个重要的阅读工具——台灯，千万别忘了噢。

阅读环境是否安静？孩子的阅读空间一定要在家里最安静的地方。阅读馆里超级安静，静到地上掉根针都可以听到。所以，很多调皮的孩子来到阅读馆都不敢大声说话。在一个安静的阅读环境里，孩子会乖乖找书阅读。我们现在就自查一下，看看家里的环境是否足够安静。孩子阅读的时候，爷爷奶奶是不是在客厅开着电视机？父母是不是躺在沙发上打开外放声音刷短视频？……如果家里没有破坏孩子阅读的声音，我相信，你们一定是很用心的父母。如果有的话，建议在孩子阅读的时候，保持环境的安静。我们不能够一边煲着电视剧，一边抱怨孩子不好好阅读。

阅读氛围是否浓厚？孩子阅读的时候，你是否在孩子身边一起阅读？浓厚的阅读兴趣是可以相互感染的。一个爱阅读的父母，潜移默化之中，会让孩子也慢慢地爱上阅读。

阅读藏书是否足够多？阅读馆的藏书很多，从绘本书、"桥梁书"到各种儿童文学读物、百科、历史等，不管是多大的孩子，在这里都可以挑选到适合自己的书。我以前遇到一个家长，他说自己家里有很多的书，可孩子就是不喜欢看。后来，我建议他有空的时候把家里的书柜拍个图片给我。结果，我看了看他发来的图片，发现80%的书都是他自己看的书，还有20%是学校规定的必读书目。一个不到十岁的孩子，在家里的书柜中根本找不到自己喜欢的书。所以，家里的藏书足够多是说家里的藏书要足够孩子自主选择。只有这样才可能满足孩子的阅读欲望，孩子才能够在阅读中与心灵邂逅。

阅读之后是否有交流互动？孩子在家里阅读之后，父母应该跟孩子有交流互动。千万别把阅读当成一项学校任务扔给孩子。我建议父母可以用"三定法"（定时，定点，定量）来陪孩子一起阅读。

（1）定时。每天规定30分钟，不多不少，就30分钟。具体的时间可以根据孩子的作业量来看，假如孩子一般是9点做完作

业，那么就可以规定每天晚上9：00—9：30阅读。这30分钟的时间内，父母一定要注意：不要拿手机，不要拿手机，不要拿手机。同时，记住：一定要养成阅读打卡的习惯。（阅读打卡模版可参考下图）

豆豆阅读打卡签名表

日期	阅读时间	阅读时长	阅读书名	阅读页码	复述时长	读后感	签名
2022.5.1	20：00—20：30	30分钟	《老人与海》	P1-30	5分钟	300字	豆豆
2022.5.1	20：00—20：30	30分钟	《老人与海》	P31-60	5分钟	300字	豆豆

（2）定点。每天在固定的地方阅读。这个地方，可以是孩子专属的阅读空间，也可以是家人围坐一桌。另外，在阅读挑书的时候，可以让孩子自主挑书，不要给孩子压力。

没有良好的阅读习惯，就不会有出色的阅读能力。父母要引导孩子走进阅读，而不是靠外在强力压迫。俗话说，哪里有压迫，哪里就有反抗。这句话，用在孩子身上真是最合适不过了。试想一下，如果你的孩子本来就叛逆，不愿意去读书，如果你还强硬地扔一本书给他，接下来的场景是可以想象的，要么就是孩子顺手把书扔回来，要么就是干脆一不做二不休，把门"哐当"一声锁上。

让孩子自主选择要读的书，哪怕他们是随意地翻一两页，也没关系，多鼓励，多表扬。这个对于刚开始阅读的孩子来说，很重要。甭管孩子从书架上选了什么书，都安静陪着孩子读书。

（3）定量。每天的阅读量不要太多。根据孩子的实际阅读水平，30分钟能阅读多少就多少。同时一定要记得，阅读完之后，和孩子一起交流。这个交流，不需要你像个老师似的考察孩子的阅读情况，你要以一个阅读朋友的角色来和孩子分享书中的精彩。让家庭有交流互动，是家庭阅读的重要意义所在。因为这是一家人思想的碰撞、相融。

第 三 章

阅读专注力：让孩子坐得住、读下去

把你的精力集中到一个焦点上试试，就像透镜一样。

——法布尔

孩子阅读的时候，坐不住，读不下去，怎么办？

当正式开始陪孩子阅读的时候，你可能会发现孩子阅读过程中容易出现的一些问题。比方说，坐不住，读不下去，读完记不住，读完理解不了……这些问题都是典型的问题，大部分孩子都会遇到这样的问题。

这些问题从根本上来说是孩子缺乏专注力导致的。专注力是指一个人专注于某件事情的能力，也就是能够抵御干扰、诱惑并且专注自己事情的能力。专注力越强的人，抗干扰能力越强，做成一件事情的概率越大。

在这个注意力稀缺的时代，越来越多的大人都面临着专注力的挑战，孩子更是如此。专注力不足的孩子，往往很难静下心来，阅读的时候也就坐不住，读不下去。我们这一章就来谈谈阅读专注力的问题。

孩子专注力不足，导致孩子坐不住

伟大的教育家蒙台梭利曾经说过一句话："给孩子最好的学习方法就是让孩子聚精会神地去学习。"孩子学习时，越专心致志，学习效果就越好，阅读也是一样的。

在日常的咨询中，我接触到很多专注力不足的孩子，其中淘淘很典型。

读五年级的淘淘，经常被老师投诉。要么是和同学讲话，扰乱课堂纪律，干扰老师上课；要么是还没下课就在教室乱走动，还大吵大闹。老师也拿他没办法，只能打电话给淘淘妈妈投诉，说孩子专注力有问题，注意力不集中。淘淘在家里做作业的时候，也坐不住，书压根读不进去。

孩子出现这种情况，我一般都会建议家长先去正规医院检查后再来咨询。果然，医院的检查结果是淘淘专注力不足。

实际上，淘淘妈妈对孩子的教育很用心，她不明白为什么孩子会出现专注力不足的问题。我相信很多父母也有和淘淘妈妈同样的困惑，那么下面我们就来化解一下这个困惑。

✦ 人的大脑天生就不爱专注

为什么孩子会出现专注力不足呢？就像前面的淘淘妈妈，她对孩子的教育其实很用心，怎么还是会有专注力不足的问题呢？

其实，专注力问题，不只是孩子面临的问题，同时也是大人面临的挑战。

> 你正坐在电脑前，完成领导交代的报告，这份报告要在中午 12：00 准时提交。可是，正当你写报告的时候，电脑旁的手机"叮咚"响了一声，你忍不住打开手机，点开微信，看到是好朋友发的搞笑短视频，你顺手点开，结果短视频实在是太搞笑了，你忍不住手一滑，下一个搞笑视频又出来了，就这样你在不知不觉中看了30 多分钟的短视频。
>
> 每天晚上明明觉得很困了，要上床睡觉，可是，躺在床上的你，忍不住又把手机打开，一晃又过了半小时，又晚睡了。

这样的场景是否很熟悉？所以，专注力不足这个问题，大人也存在。

为什么我们不能很好地管理自己的注意力，抵抗外界的干扰呢？因为专注力不仅仅跟后天的教养有关，也跟先天的大脑结构有关，大脑天生不爱专注。《驯服你脑中的野兽》这本书中对此有很形象的解释：在人的大脑中，前额叶皮层和边缘系统的"想法"不一样，它们经常围绕着身体的支配权展开斗争。书中把"前额叶皮层"比喻成"驯兽师"，边缘系统比喻成"野兽"，对专注力的管理实质就是"驯兽师"和"野兽"之间的斗争。

怎么理解呢？这个还得从人类大脑进化历程说起。

话说，广袤荒芜的地球经过不断进化，终于进化出了爬行动物。为了适应环境，爬行动物进化产生"爬行脑"，也叫"本能脑"。"本能脑"特别简单，没有情绪，没有理智，饿了就吃，遇到危险就逃跑，这是本能反应。

随着进化的继续，进入哺乳动物时代，这时候，为了适应环境，又演化出"哺乳脑"，也称"情绪脑"。这时候，有了情绪的反应，如喜怒哀乐等。"情绪脑"很复杂，但没有远见。

后来，终于智人出现，人类文明的火炬被点燃，地球上出现了人类，这时候，就演化出"理智脑"，也就是大脑的"前额叶皮层"。它很复杂，人有了理性思考，有远见，有智慧。

所以，人类的大脑一直是"三脑一体"工作的。但是，为什么我们会出现这么多的问题、困扰和痛苦呢？就是因为这些脑区的"想法"或者说给我们的身体下达的指令不一样，导致我们"内心"总是有不同的声音。

比如，你今天不想工作，特别烦闷。你的"情绪脑"会出来说："不去工作了吧，太烦了，休息吧。"但是你的"理智脑"又会告诉你："不行的，去工作吧，你还有很多事情没做呢。"你的内心就一直纠结着：到底是请假还是不请假呢，去工作还是不去工作呢？

再比如，马上要考试了，还有很多书没看完，没复习。你觉得很累不想看书，这时候，"情绪脑"就出来诱惑你说："累了就不看书了吧！""理智脑"却说："你要好好看书，好好复习，要不然考不好怎么办？"但是，由于"理智脑"还太小，是"情绪脑"后面才出生的，所以，很多时候，"理智脑"的话不怎么受用。我们很容易听从"情绪脑"的声音，不复习，跑出去看电影了，不工作，跑出去和别人PK游戏去了……

所以，我们的专注力就像是"理智脑"和"情绪脑"之间的一场PK，如果把"理智脑"比喻成"驯兽师"，"情绪脑"比喻成"野兽"的话，这就是"驯兽师"和"野兽"之间的较量。"驯兽师"的能力越强，"野兽"就会越乖，越听话，产生的影响越小。要是"野兽"太凶猛，"驯兽师"的能力太弱，就很容易受到"野兽"的干扰。

其实，我们每个人的身体里都住着一个"小野兽"，它不计后果，总是喜欢出来诱惑我们，就像唐僧在西天取经路上遇到的各种妖怪一样，试图干扰我们的注意力。这时候，我们需要学习孙悟空的精神，用"金箍棒"赶走内心的"小野兽"。

所以，要加强专注力，就要不断地训练"驯兽师"的力量，让"驯兽师"足够强大，并且可以打败"小怪兽"。

✦ 专注力越强，抗干扰能力越强

认知心理学家赫伯特·西蒙指出："在信息量激增的社会中，专注力是最重要的资产。"专注力越强的人，抵御外在干扰的能力越强，越能专注在自己的核心事情上，做成一件事情的概率也越大。

> 在波兰有一位小姑娘，她的名字叫玛妮雅。她学习的时候特别专注，不管周围的环境怎样吵闹，都影响不到她学习。有一天，小伙伴们在她的旁边跳舞、唱歌、玩游戏，但是，玛妮雅就像是在无人之境一样，继续安静地看书。她的小伙伴们悄悄地在玛妮雅身后搭了几张凳子，只要她一动，这些凳子就会倒下来。可是，直到玛妮雅看完了一本书，这些凳子还是完好无损地竖立在那儿。从此以后，她的小伙伴们就再也不开玛妮雅的玩笑了。最后，玛妮雅长大了，成了一名闻名世界的科学家，她就是居里夫人。

虽然不能说专注才让居里夫人有那么高的成就，但的确很多名人都有专注阅读的习惯。而且阅读时，越专注收获越大。其实做任何一件事情都是这样的道理，越专注成就就越大。专注力，可以说是一个人成功道路上不可忽视的重要能力。

要想孩子专注阅读，其实并不难，只要按照正确的方法去做就好。有很多书籍专门介绍专注力训练的方法。在本书中，我推荐唤醒孩子专注力的"三驾马车"，即运动、阅读、大声朗读。这些方法，也是我们在不断地实践中总结出来的最适合孩子们训练的一些方法。

陪孩子运动，在运动中提升孩子的专注力

运动跟阅读有关系吗？是的，运动跟阅读有关系，不但有关系，而且关系还非常紧密。

✦ 爱运动的孩子，阅读理解能力更强

在《动起来更聪明：运动改造大脑（亲子版）》中，约翰·瑞迪教授用详尽的研究向我们表明：对孩子来说，运动的结果绝对不是大脑简单、四肢发达，恰恰相反，运动不仅会强健体魄，更能改造大脑。书中提到了一群体育老师进行的一系列的教育实验项目，目的是培养健康、聪明的学生。

参与这项教育实验的孩子，都必须在早上 7 点多到校参加体育运动，比如，参加计时跑步，做各种运动。运动完之后，再回教室参加读写能力的课，而这门课程是为了提高新生的阅读理解能力而专门设置的课程。经过一年多的训练，这些孩子们都有了很大的变化，不但改善了情绪，阅读能力也有了提高。

事实证明，适当合理的运动，不仅能使孩子身体健康，而且能使孩子们在心智方面远超平均水平，更聪明、更乐观、更

积极。

✦ 爱运动的孩子，精气神更足

相关研究表明，人类的身体和心理是相互作用的，也就是身和心是相互影响的。身体健康对心理功能和发展具有一定的影响，同时，心理的健康因素对身体的发展也会产生一定的影响。

一个身体健康、热爱运动的孩子，他往往更积极，更乐观，精气神更足。精气神足的孩子，往往更专注，更容易走进书中。

> 我曾经有一个学员，因为手机成瘾被爸爸妈妈带到我的工作室。第一次见这位学员，只见他左手紧紧地握着手机，右手插在裤兜里，紧闭着双唇，眼神迷离。当我尝试着跟他聊天的时候，他整个人都是恍恍惚惚的，只是随口答一句："啊，嗯。"看起来，他的精神特别地不好，一副萎靡不振的样子。

> 对于这样的孩子，我们除了给他进行心理疏导之外，还给孩子制订了家庭活动计划，其中很重要的一项就是运动。我们建议，孩子的爸爸每天陪孩子跑步，通过运动来改善孩子的状态。

> 一个多月之后，孩子再次来到咨询室，看上去，精神状态明显好很多。经过两个小时的心理疏导沟通，孩子终于愿意敞开心扉，跟我聊他学习的事情。后来，孩子跟着我们的训练体系开始沉浸式阅读训练。差不多一个暑假的时间，孩子对手机的依赖性降低了很多，每天都可以做到专注做完家庭作业后，玩30分钟手机。孩

子的整个状态都得到了改善。

实践证明，爱运动的孩子，精气神更好，学习更专注，阅读更高效。

✦ 日常运动

既然运动对孩子的专注力有很大的帮助，接下来，我们就来分享一些家长可以和孩子一起做的运动。

第一种运动："双色球"运动

"双色球"运动：

（1）准备两种颜色的球，比如，蓝色和红色。

（2）游戏规则：红色球蹲，蓝色球跳。

当父母扔的是红色球，孩子接到红色球之后要马上蹲一下，再把球扔回来；如果父母扔的是蓝色球，孩子接到蓝色球之后，需要先跳一下再把球扔回给父母。

虽然这是一个很简单的游戏，但非常考验孩子的反应力和专注力。刚开始玩的时候，很多孩子都容易搞混。但是，练得久了，慢慢地找到了节奏，孩子的配合度会越来越好。

第二种运动："抢球"运动

"抢球"运动：

（1）准备一个篮球，带孩子到小区楼下，或者篮球场。

（2）游戏规则：父母拍球，孩子想办法把球抢走。这个游戏其实就是篮球赛中抢对方球的过程。

"抢球"运动可以训练孩子的即时反应力，提高孩子的专注力。

第三种运动：户外大运动

周末，父母可以带孩子去户外爬山、跑步、探险、露营，等等。

无论是哪种运动，都可以锻炼专注力，因为运动本身就是注意力训练的过程。

"番茄阅读训练"，帮孩子打败内心那个多动的"小魔兽"

阅读看似简单，实质上并不简单。由心理学研究可知：阅读的过程是读者感知、记忆、想象、思维等一系列心理活动的过程。因此阅读的过程要求读者高度集中注意力，否则，阅读只能是走过场，蜻蜓点水。

但是，问题来了，要是孩子坐不住，不够专注，怎么阅读呢？

在这里，我们推荐一个很有效的训练，就是"番茄阅读训练"。

阅读馆里很多孩子在接受"番茄阅读训练"之后，阅读专注力得到了很大的改善。接受过我们专业训练的孩子，在休息的时候，闹哄哄地尽情玩耍，而一旦训练开始，就会瞬间安静下来。老师们都感慨说，这群孩子真是"动如脱兔，静如处子"！

有个叫浩哲的小读者，在开始"番茄阅读训练"的时候，根本坐不住。一会儿举手说"老师，我要喝水"，一会儿说"老师，我要上厕所"。总之，根本就坐不住。

经过大约 10 次的一对一训练后，浩哲终于可以坐下来阅读了，看书也越来越起劲。

那么，我们要怎样在家里进行"番茄阅读训练"呢？

"番茄阅读训练"有三个重要的环节：一个是准备环节，一个是训练环节，一个是反馈环节。

✦ 准备环节

首先，我们要准备一个番茄时钟（如果家里没有番茄时钟，也可以用秒表来代替）。

然后，父母跟孩子讲好规则：25 分钟阅读时间 +5 分钟休息时间。按下番茄时钟后，孩子必须安安静静地阅读，25 分钟之后，当番茄时钟响起的时候，孩子可以自主活动 5 分钟。

另外，父母要准备一个阅读记录表，记录阅读过程。

番茄时钟阅读法记录表 25

姓名：豆豆		年级：四年级			
阅读时间	阅读地点	阅读书名	阅读页数	番茄钟练习次数	备注
2022.3.1	阅读馆	《小王子》	P1-50页	第一个时钟	10分钟坐不住
2022.3.1	阅读馆	《小王子》	P51-121页	第二个时钟	坐得住没乱动

这份记录表是用来记录阅读过程的。每次训练，都要把原始数据如实地记录下来，以方便未来做跟踪分析。这样做的好处有：

（1）方便父母了解在进行训练之前孩子的阅读速度和专注时间，也就是阅读初始状态是怎样的。

（2）能够直观观察出孩子在这个训练过程中的进步，将进步量化、可视化，可以更直观地激励孩子。

✦ 训练环节

番茄时钟计时是以 30 分钟为一个单位的，也就是说每一次训练的时间都是：25 分阅读时间 +5 分钟休息时间。在刚开始接受训练的时候，一些孩子根本待不到 25 分钟，这时候，父母是放任孩子还是要孩子坚持呢？我们一般的做法是，先给孩子三次机会，可以允许孩子中途走动三次（在孩子不能坚持的情况下）。同时，如果孩子中途走动，要记录下孩子的实际情况（比方说，在"备注"栏记录：15 分钟的时候，孩子起身走动了 2 分钟）。如实记录就好，不需要刻意，或者故意隐瞒或者遗漏。但是，三次机会用完之后，如果孩子还是要乱动，就需要接受惩罚。比方说，惩罚把这次休息的时间翻倍，用于家务劳动。

如果孩子对于阅读兴致不是很高，父母只需要安排孩子阅读 25 分钟就好，不要加量。

✦ 反馈环节

阅读结束之后，父母要做个总结，告诉孩子在整个"番茄阅读训练"过程中的表现如何。阅读反馈，要以鼓励为主，强化孩子表现好的地方。同时，与孩子约定下一次"番茄阅读训练"时间，

并且告诉孩子第二次训练整个 25 分钟不可以走动，如果做到，会有相应的奖励。这样，孩子就会很期待下一次的练习与奖励。

如果孩子第一次"番茄阅读训练"表现很好，可以在第二次训练中相应地增加一个番茄时钟，加大练习量。

一定要记住，及时总结，给孩子反馈。在总结过程，对于孩子的进步，要及时给予奖励，兑现对孩子的承诺。

每个孩子的实际情况是不一样的。父母在家里引导孩子训练的时候，要对孩子有耐心，不能期待孩子练一次就出成绩。耐心对待孩子，坚持下来，效果就出来了。所以，要坚持练习。只要坚持下来，孩子的专注力就一定会得到改善。

和孩子大声朗读，在朗读中提升专注力

除了"番茄时钟阅读训练"，大声朗读也是个很好的训练专注力的方法。在孩子大声朗读的时候，脑细胞是高度集中的。一个从小就养成了"大声朗读"习惯的孩子，不但语言系统很强大，而且能够培养出开朗、乐观、向上的性格。

那什么时候"大声朗读"？

如果时间允许，我们建议最好是早上。因为学校一般都有早读课，如果孩子能够习惯早读，那么学校的早读课将会效率很高。

我带过一批学员早读。每天早上 6 :30—7 :30 在湖边进行朗读训练，读的是《大学》。在那场练习中，孩子们完全放开自己，放声朗读。

在连续 12 天早读后，孩子们就把《大学》给完整背下来了。

大声朗读，不需要太多的技巧，只需要全身心投入。我们

建议，家长可以在早上的时候，陪孩子一起大声朗读，在家里，在小区楼下，在公园……

朗读多久呢？

根据研究发现，持续大声朗读 20 分钟，是最佳的朗读时间。

那我们选择哪种读物来朗读呢？

首推中华经典，如《大学》《中庸》《论语》，或者是优美的散文，语文课本中的文章也是可以的。

另外，一定要注意，"朗读"不是说读个几分钟，做个样子就行。我在聂政宁老师的《阅读力就是学习力》的书中看到这样一句话："大声读，读出眼泪来。"大声朗读是突破孩子阅读心理壁垒很好的方法。不要小瞧了它，真的非常有效。

读起来吧，爸爸妈妈们，明早就陪孩子"大声朗读"！

日常训练小妙招，帮孩子提升专注力

前面我们分享了很多提升专注力的方法，在这一节，我们再给大家分享 5 个小妙招，以提升专注力、改善亲子关系。

✦ 舒尔特方格法

舒尔特方格训练法，是目前很普及的专业的专注力训练方法。很多学校的老师都在组织孩子进行练习。这个训练方法，不仅适用于学生，而且适用于成人，操作也比较简单。

舒尔特方格，可以从网上采购，也可以自己制作。舒尔特方格的制作方法如下。

在一张方形卡片上画上 25 个 1cm × 1cm 的方格，在这些方格中任意填写 25 个数字（1 ～ 25 且每个数字只出现一次）。可以一次性做多张，方便后续使用。

舒尔特方格

14	1	23	15	5
3	25	16	10	18
4	7	20	21	2
19	22	9	17	24
13	11	8	6	12

具体怎么练习呢?

（1）时间规定：每天坚持训练 5 分钟。

（2）训练方法：孩子用手指读，1～25 依序进行，并且读出声来。父母负责计时。

（3）测试结果记入训练记录表中。

怎么看孩子的训练结果?

数完 25 个数字所用时间越短，说明孩子的专注力越强。

以 12～14 岁年龄组为例，能在 16 秒以内正确指读完为优秀；26 秒内指读完属于良好；36 秒才指读完说明专注力问题较大。

✦ 写数字训练法

写数字训练法，也是一个简单易操作的方法。

训练方法如下：

（1）准备一张 A4 纸，一个计时器。

（2）计时开始，孩子从 1 开始按顺序写数字，时间为 1 分钟。书写的数字不潦草，写错不可以修改，不许做标记，一口气写下去。时间到了就停笔，不准再写。

写数字模板

1	2	3	4	5	6	7	8	9

结果评定：

（1）第一次书写出错的数字在 100 以前，说明专注力较差；出错的数字在 101～180，说明专注力一般；出错的数字在

181 ～ 240，说明专注力较好；出错的数字在 240 以上或者全都正确的，表示专注力非常优秀。

（2）出错的数字如果 7 个以上，表示专注力较差；出错 4 ～ 7 个，表示专注力一般；出错 2 ～ 3 个，表示专注力较好；只有 1 个数字出错，表示专注力优秀。

如果出错数字在 100 以前，只有 1 ～ 2 处且后面并无出错，反映出的专注力也是优秀的。虽然出错数字在 180 后，但出错较多，说明专注力较差。因此，要综合评价。

✦ 单点凝视法

单点凝视法是训练专注力的一个很好的方法。纪昌学射的故事提到的就是这个方法。

古时候，有个年轻人，他的名字叫纪昌。他特别想学射箭，于是就拜当时很著名的一位射箭手为师学习射箭。

老师跟他说："你要学射箭的话，先要去练习不眨眼睛的功夫，练好之后，再回来找我。"于是，纪昌回家开始练习不眨眼睛的功夫。他每天都待在他妻子的织布机下，盯着梭子来回运动。两年过去了，他练就了不眨眼睛的功夫，即便是锥子刺向眼眶。于是，他赶紧去找老师。老师说："你继续回去练，把小东西看成大东西，然后再回来。"于是，他回去用牛尾毛拴了一只虱子挂在窗户上，天天盯着看。就这样，三年之后，那只虱子在他眼里有车轮那么大。

单点凝视方法是提升专注力的良法。那我们在家里，怎样带孩子练习呢？

首先，准备一张白纸，在纸的中间画一个 2 厘米大小的黑色实心圆点。

然后，让孩子找一个舒服的地方坐下来，全身放松，双手拿着白纸，白纸与眼睛保持平行，相距 30～40 厘米。尽量不眨眼睛，盯着黑点看 2 分钟。然后，两眼迅速望向前方的白色墙壁，看看白色墙壁上是否会出现一个黑色圆点。如果有的话，尽量让时间保持越久越好。如果没有出现，不要着急，慢慢地来，按照上面的方法，每天坚持训练。

这是个基础练习，最好每天早中晚都可以训练一次。

注意点：

在训练的时候，如果在注视黑点的时候，黑点中出现了模糊的白光，这说明，专注力已经涣散了。这时候，要闭上眼睛，深呼吸，放松，重新集中注意力再来一遍。

✦ 色卡训练法

色卡是指用红、黄、蓝、绿、黑、白等颜色绘制成的图形卡片。

家长给孩子制作好色卡后，就可以开始训练了。我们先从黄色卡训练起。

黄色卡片是由中心的蓝点和周围的橙黄色组成的。

黄色卡训练过程中，孩子一般会经历以下阶段：

（1）可以看见黄色卡片的互补颜色（也就是孩子看到的黄色卡片的图像是，中心是橙黄色的点，周围是蓝色，跟卡片是相反的）。

（2）可以看见跟原卡一样的颜色。

（3）能够有意识地改变残像的颜色和形状，比方说，变成长方形、菱形。

（4）能够自然产生心像。

（5）能够随心所欲地看到自己希望看到的心像。

在工作中，我发现，有些小孩的专注力很好，一开始训练的时候，就可以看到与原卡一样的颜色，甚至可以改变残像的颜色和形状。这说明这个顺序并不是千篇一律的，而是因人而异的。

当然这个训练对于专业知识有一定的要求，所以大部分父母都会选择将孩子送到我们的阅读馆，请专业的老师带领练习。

✦ 回想训练法

回想训练法是比较简单实用的方法。具体来说，就是随意挑选一幅画，盯着它看一会儿，然后闭上眼睛，慢慢地回忆这幅画上的内容，回忆越清晰越好，例如，画中的人物、衣着、桌椅及各种摆设。回忆后睁开眼睛再看一下原画，如不完整，再重新回忆一遍。这个训练既可培养专注力，也可提高想象力。或者在带孩子旅游的时候，先让孩子观察一下导游图，然后要孩子闭上眼

睛，回忆这张地图的详细地址、建筑物、路线等。

这种方法，随时随地都可以用起来，只要我们用心。

再比如，我们和孩子阅读一本绘本的时候，要孩子盯着绘本看一会儿，然后要孩子闭上眼睛，回忆绘本上都画了什么、颜色是怎样的，有哪些人物等，这些都是我们训练的素材。

这种训练方法的好处是，不需要刻意准备素材，生活中随手都可以找到训练素材，是简单、高效的方法。

以上分享的都是我们在日常生活中可以和孩子一起练起来的小妙招。如果家长多用心，孩子的专注力一定会变得越来越好。

希望每个孩子都可以拥有良好的专注力，为后续的自主阅读之旅打下坚实的基础。给阅读加满油，让阅读不偏航！

第 四 章

感官图像记忆力：让孩子阅读时记得住、记得牢

想象力比知识更重要，因为知识是有限的，而想象力概括世界上的一切，推动着进步，并且是知识进化的源泉。

————爱因斯坦

　　相信通过上一章的内容，你已经知道了怎样帮助孩子阅读时坐得住、读下去。这一章我们来解决孩子阅读时如何才能记得住、记得牢的问题。

　　很多家长都头疼孩子读完书总是记不住，转身就忘了，其实，这是因为孩子的感官图像记忆力需要提升。激活了孩子的感官图像记忆力，孩子就会懂得如何将阅读的文字转换成感官图像，使阅读变得生动鲜活，继而走进书本，爱上阅读。

　　至于如何提升孩子的感官图像记忆力，我们将在这一章与你分享有效的训练方法。

孩子阅读边看边忘，原因竟是缺乏感官图像记忆力

孩子阅读时边看边忘，怎么办？

孩子记忆力太差了，生词总是记不住，怎么办？

孩子记忆力的问题，是一件让很多父母头疼的事情。工作中，我发现很多孩子听话懂事，也能够坐下来跟父母一起阅读，但他们就是很难记住阅读的内容，好不容易读完一本书，读完之后一问三不知，不能复述书中的内容。

我有一个学员叫琪琪，他就是一个非常典型的案例。

琪琪妈妈很重视孩子的阅读，每天晚上睡觉前都会和琪琪一起阅读 30 分钟以上，但是读得很慢，每天晚上只能读两三页的内容。琪琪总是边读边忘，读完之后，问他读了什么，他经常什么都没记住。

不仅阅读如此，在学习上，琪琪也存在类似的情况。无论是语文还是英语，学校每学完一节新课，琪琪妈妈都会坚持在家里带琪琪听写，经常是要听写四五遍

才能过关。尽管如此，第二天在学校，老师再听写同样字词的时候，琪琪仍会出错。

琪琪妈妈在咨询室和我聊起孩子的阅读情况的时候，显得特别焦虑与无助。

那琪琪的问题到底出现在哪里呢？其实，像琪琪这样的孩子，主要是因为阅读的时候记不住内容，从而导致读完没什么感觉，久而久之，对阅读产生了一种畏惧感，随着年龄的增长，就渐渐地不愿意阅读了。

那么，怎么才能帮助他们呢？

激发孩子的感官图像记忆力，让孩子感觉阅读就像看电影一样，读得越生动越逼真，读完之后记得越多越清晰。

琪琪就是通过这个方法彻底解决了他阅读时记不住内容的问题。在经过为期 3 周的训练后，他在 30 分钟之内可以读完一本薄薄的故事书，并且能够马上复述书中的内容。

在工作实践中，我发现，不管是被贴上了"阅读困难"标签的孩子，还是本身就很优秀想在阅读技能上有所突破的孩子，当他们接受完感官图像记忆力的训练之后，他们的阅读水平都得到了质的飞跃。他们可以在规定时间内阅读完一本与其能力相匹配的书，并且能够复述出书中的内容。他们的阅读兴趣越来越浓厚，自信心也越来越强。感官图像记忆力是激发孩子内在阅读兴趣的一把"秘密钥匙"。

看到这里，你会不会好奇，感官图像记忆力到底是什么呢？为什么激发出感官图像记忆力就能记住内容？我们怎么知道自己家孩子是不是也是因为感官图像记忆力不足导致的阅读问题呢？

先别急，我们一个一个来解答。在这一节，我们先来看如何判断孩子阅读问题是感官图像记忆力不足导致的。

还是回到前面琪琪的案例，虽然根据工作经验，我已经有了对琪琪的判断，但是为了了解更多的细节，我们还是对琪琪做了三个小测试，分别是想象力互动小测试、阅读水平小测试、配合卡片阅读小测试。

✦ 想象力互动小测试

我们先来看琪琪的想象力互动小测试情况。

"琪琪，这是什么？"我手里拿着一个大大的红苹果问。

"苹果！"琪琪回答的声音非常洪亮。

我把苹果放到琪琪眼前。

"对，是一个大大的红苹果！你可以盯着苹果看一会儿，然后我要你闭上眼睛的时候，你就闭上眼睛。"琪琪很乖地瞪大眼睛盯着苹果看。

"好了，现在闭上眼睛，慢慢地来想象一下，试一下，能不能想象出眼前有一个大大的红苹果？"

"老师，我想不到！"

"那你想到了什么？"

"一片漆黑的，什么也没有，老师。"

"那你想象一下，在你的眼前有一个苹果的图像。"

琪琪摇摇头。

"琪琪，你想一想苹果的形状，圆圆的，对吗？然

后想象一下，将圆圆的形状加上刚刚看到的苹果的颜色，可以吗？只是发挥我们想象力，想象一下，我们脑海里有一个大大的红苹果，香香的，甜甜的。"

"还是什么都没有，想象不到，老师！"过了好一会儿琪琪说。

......

从琪琪的表现来看，他的感官图像记忆力一点都不敏感。感官图像记忆力优秀的孩子，在做这样的测试的时候，他们会特别兴奋，甚至会跟老师说："嗯，我看到了红红的苹果，我想咬它一口，哇，太甜啦。"

通过这个简单的想象力互动小测试，我们可以比较快速地了解孩子感官图像记忆力的情况。

✦ 阅读水平小测试

为了进一步测试琪琪的实际阅读水平，我拿出一份二年级小朋友的阅读小短文让他阅读后做复述。

夕阳真美

傍晚，爷爷和奶奶带着我去看日落，太阳已经西斜，收起了刺眼的光芒。天空一片深蓝。连绵起伏的西山，披着夕阳的余晖，显得十分壮丽。

太阳慢慢地往下沉。它那圆圆的脸涨红了，把身边的云染成了黄色、红色、紫色……太阳的脸变得更红了。

它轻轻地走向西山的背后，把灿烂的霞光留在遥远的天边。爷爷满面红光，望着奶奶说："夕阳真美呀！"

就是这么一篇小短文，阅读完后，琪琪只能很简略地复述出短文的开头和结尾的一点点字词。

"琪琪，读完这篇文章，你脑海里有夕阳的图画吗？"我问。

"没有。"琪琪回答。

于是，我拿出了和小短文配套的"日落""连绵起伏的山峦""不同颜色的云朵"等彩色图片给琪琪看，以加深他的画面感。如果孩子阅读时头脑里有画面感，回忆小短文内容时就会容易一些。然而，进一步尝试过后，孩子还是记不起刚阅读过的小短文内容。于是，我让琪琪休息了几分钟，让他吃了一个苹果来缓解刚刚的紧张感。

✦ 配合卡片阅读小测试

接着，我让琪琪跟我一起朗读这篇小短文。在朗读的过程中，我同时把短文关键词的彩色图片给琪琪一一展示。朗读完后，我让琪琪闭上眼睛，按照他刚刚的朗读和他看到的图片顺序开始回忆。一分钟后，我让琪琪开始复述，这次他能够按照短文顺序复述出 60% 的内容。

通过这个小测试，我们可以看出琪琪在阅读纯文字时，不能在自己的脑海里构建出相应的画面感；如果借助外部图片辅助阅

读，孩子的记忆与阅读效果就有了很大的提升。由此，可以推断出，琪琪在平时的语文学习中纯粹是死记硬背，学得非常吃力却记不住所学的内容；在长篇幅文字阅读的时候，更是枯燥乏味，阅读过后大脑里基本上是一片空白。这就是典型的没有接受过感官图像记忆力训练的孩子的表现。

大部分孩子是单纯的文字阅读，在这种情况下，孩子很难记住书中的内容，而且读起来很吃力。他们没有激发出自己的感官图像记忆力，没有试着去联想，没有把眼前的文字转化成图像来促进自己的阅读体验和阅读记忆。

如果你也想了解自己孩子感官图像记忆力的情况，你可以做做这三个小测试。

感官图像记忆力是激发孩子阅读
兴趣的"秘密钥匙"

✦ 什么是感官图像记忆力？

相信大家已经知道感官图像记忆力对于提升孩子的阅读能力到底有多重要了，那到底什么是感官图像记忆力？简单来说，感官图像记忆力，就是我们运用五种重要的感官——视觉、听觉、触觉、嗅觉、味觉产生出图像的一种能力。

在《阅读的 7 项核心技能》中有一段话是这样来描述感官图像记忆力的：

> 孩子边阅读边在脑海中构建内感官图像，这实际上是一种持续不断的创造性行为，孩子们的大脑会将这些内感官材料组织起来，帮助他们理解并记忆整个故事。那些对阅读产生浓厚兴趣的孩子，正是能够持续构建内感官图像的孩子。

为了更好地理解这个概念，我们先来看一个大家都很熟悉的"望梅止渴"的故事。

东汉末年，曹操率部出征。中午时，烈日当空，天气十分炎热。将士们携带着沉重的武器，全身都被汗水浸湿，又热又渴，非常难受，给行军带来了严重影响。

曹操见将士们一个个舔着干燥的嘴唇，勉强行走，心里非常焦急。下令队伍原地休息，派人分头到各处去找水。过了好一会，派去的人全都提着空桶回来。原来，这里是一片荒原，根本找不到水。曹操又下令就地挖井，士兵们挥汗挖土，但过了好长时间，也挖不出一滴水。

曹操心想，情况很严重，如果在这里久留，会有更多的人无法坚持下去。曹操略微思索了一下，猛地用马鞭指着前边的山坡，大声对手下的将士说："这个地方我熟悉，翻过前边的山坡，就会有一大片茂盛的杨梅林，到了那里，你们每个人都可以尽情享用杨梅。"

将士们一听说杨梅，就自然而然地想象起酸味，从而流出口水，顿时不觉得那么渴了。曹操立即指挥队伍行进，经过一段时间，终于带领队伍成功找到了水源，大家痛痛快快地喝了个够，又精神饱满地继续行军。

听完这个故事，你有没有感觉到一股酸酸的味道在舌尖萦绕？我每次给孩子们讲这个故事，小朋友都会说："哎呀，杨梅好酸呀。"你看，这时候，我们的面前并没有酸酸的杨梅，可是，孩子就是感受到了酸酸的味道。这个就是典型的通过文字激发大脑的感官图像记忆力的场景。

虽然我们并没有真的把一颗酸溜溜的杨梅放进嘴里，但是，当我们眼睛看到"杨梅"的时候，我们的视觉瞬间就激发出了大脑里的内视觉、内味觉，让我们感觉到自己好像是真的吃到杨梅一样，酸得直流口水。

✦ 通过感官图像记忆模拟故事情节

为什么我们在听"望梅止渴"这个故事的时候，真的能够体会到梅子的这种酸酸的味道？那是因为在阅读过程中，我们的大脑不但把故事视觉化（产生画面），而且把故事模拟化（模拟故事情节）。

不信？我们一起来看看美国作家奇普·希思丹·希思在《行为设计学》这本书中所描述的一个心理实验证明。

三位心理学家对于人们如何理解故事很感兴趣，便创作了几个故事，供实验对象在电脑上阅读。他们将参加研究的人分为两组。

第一组受试者读的故事里有个关键性的物体与故事主角产生了关联，比如"约翰在慢跑前穿上了运动衫"。

第二组受试者读的故事里那个关键性的物体与故事主角发生了分离，比如"约翰在慢跑前脱掉了运动衫"。

在描述了另外两句话之后，故事再一次提及这件"运动衫"，而电脑则追踪读者阅读这个句子需要的时间。奇怪的是，第二组的读者比第一组的读者花了更多时间来读这个句子。

这个实验结果表明，我们听故事的时候，大脑不但能还原画面，而且能根据我们所阅读的内容积极主动地模拟场景。比方说，这个实验中，读到"脱掉运动衫"的第二组受试者，他们的大脑中就会模拟脱掉运动衫。

这从另一个角度说明了一个事实：阅读不是被动学习，而是主动学习。世界上根本就没有"被动"的读者、"被动"的听众。无论是在阅读故事的时候，还是在听故事的时候，我们的思维都在积极主动地配合着我们的所见所思，在大脑中模拟着这一切。就好像上面提到的这个"望梅止渴"的故事一样，当将士们听到"享用杨梅"的时候，他们的大脑切切实实地模拟了一次吃杨梅。所以，当孩子阅读时，图像感越逼真，阅读的体验感就会越真实，读得越有趣，记忆程度也就会越高。

激发孩子的感官图像记忆力，训练孩子把文字转换成图像的能力，就是在增强孩子的阅读记忆力，就是在激发孩子的阅读兴趣。

希望更多的家长能把这把"秘密钥匙"交到孩子的手中，让孩子从此告别乏味枯燥的阅读，让孩子从内心深处爱上阅读，享受美好的阅读过程。

警惕影视图像对孩子感官图像记忆力的伤害

说到感官图像，我们不得不说一个与它有点相似的概念，那就是影视图像，比如电视、电影、短视频画面。

我们要警惕影视图像对孩子感官图像记忆力的伤害，换句话说，就是警惕孩子长期看电视、短视频等对孩子感官图像记忆力的伤害。下面我们一起来具体看一下。

✦ 影视图像会限制感官图像记忆力

可能有些家长会问，感官图像和影视图像不是一样吗？看手机、看电视，这个也能激发孩子的感官图像记忆力吧？答案是不一样，不能。

从表面上看，电影、电视图像和大脑中的感官图像一样都是画面，但是两者之间有本质的区别。感官图像是在阅读文字时大脑主动创造出的图像，而影视图像是他人加工好的固定图像，观者只需要被动接受即可。前者是主动思考，创造，加工；后者是被动接受。后者可以辅助前者，也会影响且限制前者。美国国家卫生研究院研究证明：重度使用智能电子产品会对孩子的大脑皮层产生损害和影响，长时间下去孩子的语言和推理思考能力都会大大受损。如果孩子有对电子产品依赖的苗头，一定要小心，提前防患于未然。

✦ 长期看电视破坏想象力

美国儿科学会在《育儿百科》这本书上明确给出了建议：2岁以下的孩子禁止看电视，2～4岁的孩子每天使用电子产品的时间要控制在半小时以内，而4～8岁的孩子每天使用电子产品的时间不应该超过两小时。

为什么要控制电子产品的使用呢？我们不妨一起来看一下下面三组图画。

这三组图画是德国儿童心理学家皮特·温特斯坦及罗伯特·J. 琼维斯，针对看电视时长不同的孩子们所做的"画小人"的测试。

第一组图画是一群每天看电视时长不超过1小时的小朋友画的。

第二组图画是一群每天看电视时长超过3小时的小朋友画的。

第三组图画是每天看电视时长不受限制的小朋友画的。

对比三组图，你的心里有什么感受？

第一组图画，人物形象生动，表情丰富，而且每个人都是一个完整的人。第二组图画，虽然比较完整，但是线条比较单薄。最后，我们来看第三组图画，这些画面看起来，有没有一种不安的感觉？几乎没有一个人物画得完整，甚至有脑袋与身体分离的图。这些孩子到底是看了什么样的影视图像，内心才会折射出这样的人物画像？

我曾经对一个班级的孩子也做过"画小人"测试，虽然测试之前并不知道孩子们平时看电视的时长，但是，通过孩子们画的画，基本能准确判断出看电视时长。这些孩子画的小人跟上面的图片真的很相似。如果你现在身边有几个孩子，你可以马上测试一下。

长期看电视会破坏孩子的创造力和想象力。如果这样的情况不改善的话，随着孩子年龄的增长，影响会越来越大。

但是话又说回来，现实生活中到处充斥着电子产品，孩子不可避免地会去接触电子产品。怎么办呢？只能说，在孩子还没有自控力的时候，父母一定要警惕，严格把控孩子使用电子产品的时间。不要任由电子产品伤害孩子的想象力和创造力。当然，如果孩子有一定的自控力，父母可以陪伴孩子一起看视频，利用这些工具帮助孩子获取更多的知识和信息。

深度唤醒孩子大脑里沉睡的感官图像的
五大日常训练方法

蒙台梭利在《科学教育法》中写道:"感官是外部世界图像内化的器官,对智力开发必不可少。训练孩子的感官,提升孩子对外部世界图像内化的能力,能够从孩子的内心激发出孩子阅读的兴趣。"这就是在讲孩子阅读时的感官图像记忆力的重要性。

这段文字向我们传递了两个重要信息:第一,训练孩子的感官,能提升孩子对外部世界图像进行内化的能力。第二,感官图像记忆力对激发孩子阅读兴趣起着至关重要的作用。所以,训练孩子的感官图像记忆力,刻不容缓。

那到底怎样锻炼孩子的感官图像记忆力呢?有没有什么好的方法呢?

接下来我们就来分享几种简单有效的训练方法。

我们先来看一个"留神看"的故事。

美国宾夕法尼亚州匹兹堡大学语言教授斯特娜夫人,平时非常注重教育自己的女儿,她常与女儿玩一种叫"留神看"的游戏。每次经过商店门口的时候，她都会问女儿商店橱窗里摆放了哪些商品，久而久之，女儿就可以把商店橱窗像拍照一样留在自己的脑海里，然后根据脑海中的图像数出各式商品。当女儿5岁的时候，在纽约肖特塔大学教授们面前把《共和国战》朗诵了一遍，然后就一字不差地复述了下来，令在场的教授们大吃一惊。

其实"留神看"这个游戏，就是日常生活中培养孩子感官图像记忆力的简便有效方法。我们可以把感官图像记忆力看成是一种细致入微的观察力、丰富多彩的想象力。只要父母们用心，随时随地都可以训练孩子。

接下来，我们就来说5种具体的小方法，我把它称为"五觉感受力"训练法，这"五觉"是视觉感受力、听觉感受力、嗅觉感受力、场景感受力、想象感受力。

第一种方法：物像再现法

在说物像再现法之前，我们先说一下视觉余像这个概念。当一个人长时间注视某种物体的时候，如果在突然之间，停止物体对视觉的刺激的话，视网膜上的影像感觉不会立即消失，这种暂留的视觉影像就叫视觉余像。

什么是物像再现法？

物像再现法，其实就是根据视觉余像的形成原理，通过外视觉的帮助来激活内视觉的一种训练方法。这种方法，跟上面的"留神看"有着异曲同工之处。

具体在生活中如何练习呢？

当我们坐车外出的时候，可以让孩子有意识地看看车窗外的景象，然后闭上眼睛，在脑海里把看到的景象逐一呈现出来。

逛街的时候，有意识地让孩子注视橱窗的某一物体，比方说，孩子喜欢的玩具，然后问孩子，橱窗里都有哪些玩具，都是怎么摆放的，颜色是什么样的。这个方法，对孩子特别有效。我曾经就跟孩子玩过这样的游戏，如果孩子想买某一款玩具，你可以让他先观察一下，然后闭上眼睛，说出想买的玩具的位置、颜色、价格等各种细节。只有确认无误才可以买玩具，如果说不正确，就不能够买玩具。这种方法，对孩子特别有效。我强烈建议家长试一试。

还有很多生活场景，也都可以练习。比方说，家里可以计数的电灯、百叶窗等，让孩子观察完之后，闭上眼睛数一数，到底有多少。

第二种方法：听觉感受法

听觉感受法，是指通过外听觉促进内在感受的一种方法。

你听说过"余音绕梁三日不绝于耳"这个典故吗？这个典故的意思是说，这犹如天籁般的声音，环绕屋梁多日都还在耳边盘桓。三天前听的美妙的音乐，到今天还时不时地在耳边回荡，除了说明音乐太好听之外，是不是也可以说明一个听众的超强听觉感受力？

比如在日常生活中，我们可以放一首孩子特别喜欢听的歌，让孩子带着感情去听。然后，关掉音乐，让孩子闭上眼睛体会这种动听的旋律在脑海中回荡的感觉。还比如，带孩子外出露营的时候，晚上万籁俱寂，陪孩子听听大自然的蛙鸣声、海浪的声音……听听来自大自然的每一种灵动的声音。还比如，在家里劳动的时候，要孩子聆听烟火气中锅碗瓢盆的叮当声，要孩子切实感受来自生活中的每一个实在的声音。这样的场景还很多，父母可以根据实际情况来训练。

第三种方法：嗅觉感受法

嗅觉感受法，顾名思义，就是提升孩子的嗅觉灵敏度，用嗅觉来感受身边的一切美好的方法。我们来看一些与嗅觉相关且表示香气的成语：香气扑鼻、沁人心脾、芬芳馥郁、暗香疏影……让孩子多背诵与嗅觉相关的成语，能够促进孩子的嗅觉感受力，看到这些文字，就仿佛香气正萦绕在自己的身边。

平常在生活中，我们也可以有意识地带孩子去闻闻花的香味，闻闻果篮里水果的味道……这些都是在生活中可以练起来的小方法。

第四种方法：场景再现法

场景再现法，是指对某一场景进行回忆，让场景在脑海中再现的方法。

怎么训练孩子呢？

你可以选择某一个静止物，可以是一座建筑物、一棵大树，或者窗台上的一束鲜花，然后让孩子仔细观察，充分地调动五感（视觉、听觉、触觉、嗅觉、味觉等），可以去摸一摸它的触感、闻闻味道、看一看大小形状等，观察得越仔细，孩子记得越牢固。

或者，在带孩子外出回来之后，和孩子一起回忆：这次外出看到了什么？遇见了什么人？听到了什么有趣的故事？闻到了什么特别的味道？品尝到了什么美食？有什么感受？……

在这些互动中，孩子无意识中调用了自己的五感，并尽可能让这些场景在脑海中再现。

经常进行这种训练的孩子，他们的感受力会比没有经过这种训练的孩子要强很多。

第五种方法：看图想象法

看图想象法，有点像是一二年级小朋友的"看图说话"。

看什么图呢？

生活中随处可见的图片都可以拿来使用。比如，手边的杂志、刚刚在看的动漫书、绘本、墙上挂的图片，等等，都可以。

怎么做呢？

首先找出一张图，让孩子看上一两分钟，然后，让孩子凭记忆对图片展开想象。

针对这组图片，你可以问孩子：

"你看到了什么？"

"这张图这样做是为什么？"

"这些人是谁？"

"他们在干什么？"

"这是在哪里？"

"是什么时候呢？"

"发生了什么事情？"

"你还能想象到什么样的情景？"

……

以上几种方法简单，易操作，不需要刻意安排。如果父母日常生活中有意识地去做这些训练，孩子的感官图像记忆力会在不知不觉中得到突破。

最简单的方法，就是最有效的方法。希望每个孩子都可以拥有超强的感官图像记忆力，阅读读得有趣，读得有味，记得住，记得牢！

在绘本阅读、文本阅读中构建感官图像记忆力

美国儿童文学作家加里·保尔森说："如果说一本书是什么、有什么、能给出什么或展示什么，那也只能由读者去听、去看、去闻，去把那些甚至书中没有的东西找出来。"这段话说得太精彩了。

我们怎么知道一本书里到底有什么？通过感官感受一本书，去听、去看、去闻、去感受、去体会……然后，慢慢地把这本书中的精髓找到，挑出来细细咀嚼、品味。

所以，锻炼孩子的感官图像记忆力还有一种方法，就是阅读。

而这一节的重点，就是来分享怎么在阅读中构建孩子的感官图像记忆力。根据手中的不同读物，我们可以分成"在绘本阅读中构建感官图像记忆力"和"在文本阅读中构建感官图像记忆力"两个部分。

✦ 在绘本阅读中构建感官图像记忆力

对于绘本阅读，我相信很多父母都不陌生。从孩子的阅读启

蒙期的洞洞书、触摸书、立体书、布书，再到百科类的认知书、成长类的图画书等，都是可以作为构建孩子感官图像记忆力的很好的载体。

现在，越来越多的父母都在关注孩子的阅读，坚持陪伴孩子读书。在陪伴孩子读书的过程中，不知道你们有没有遇到这样的问题？孩子会一遍又一遍地要求你给他重复读同一本绘本，而且是乐此不疲，听了一遍又一遍，有一种百听不厌的感觉。我身边很多父母都遇到过这样的问题，他们都说："哎呀，我都不知道，他为什么总是喜欢听这本书呢？都读了几十遍了，还是一个劲儿地吵着我给他读。"

这个时候，你会怎么做？继续读，还是换一本读？正确答案是继续读，不断地读。

细心的父母可能会发现，尽管是同一本绘本，但是，孩子每次在听的时候，都会提出不一样的问题，为什么会这样呢？因为孩子在感受，在体验，在互动。

为什么这么说呢？不如我们一起来读一小段绘本吧。

有一本很好的绘本，名叫《强强的月亮》（西班牙，卡门凡佐尔），书中有一段这样的描写：

暴风吹过大海，卷起汹涌的波浪，盖过了小小的捕鱼船。

一个浪头猛地扑向强强的爸爸，把他的灵魂打出了身体，沉到了海底最深最深的地方。

第二天早上，当太阳射出第一道光芒的时候，强强的爸爸把小船拖上岸。

他两颊苍白，步子沉重，痛苦地回到家里。

听完绘本后，孩子们提了很多有意思的问题。

"强强的爸爸的灵魂是什么颜色的呢？"

"灵魂是一个人的样子吗？还是被暴风吹散了，变成了空气一样的东西？"

"大海有多深呢？"

"灵魂可以从海底出来吗？"

"强强的爸爸没有了灵魂怎么能够回家呢？"

"人没有灵魂可以走路吗？"

……

孩子们之所以能够提出这么多的问题，正是因为他们在不断地思考、不断地体会、不断地感受这些文字背后的信息。他们在充分地发挥着自己的想象力、观察力、感受力，这就是无形之中对孩子的感官图像记忆力的训练。

每个孩子都是独立的生命个体，每个人的个人体验也是不同的。所以，在阅读体验上，我们没有标准答案，只有自己的独特体验和感受。著名作家托马斯在《如何阅读一本小说》中强调："在小说的魔法世界里，作者和读者共同创造小说的生命和意义。"

孩子的感官图像记忆力越强，创造力越强。孩子只有具备这些基础能力，才能真正地走进一本书里，才能逐渐成为一名真正的读者。

✦ 在文本阅读中构建感官图像记忆力

"读诗句，想象画面。"

"朗读课文，想象诗中描绘的景色。"

"想象文章中描写的声音，我似乎听到了……"

"通过读文章，我'闻'到……"

……

经常翻看孩子的课本的父母，对上面这些文字可能一点都不陌生。是的，这些都是小学语文课本中对孩子的要求。这些要求就是在启发孩子的感官图像记忆力，就是在训练孩子把语言文字转换为"看到"的画面、"闻到"的味道、"听到"的声音和"身临其境"的感觉的能力。

看到这里，你是不是明白了？感官图像记忆力并不是什么新鲜词汇，其实，学校一直在倡导这种学习方法，只是，很多人可能并没有意识到它的重要性，所以，没有太在意。

我们再来看小学语文统编版几篇课文后有关感官图像记忆力内容梳理。

三年级上册，第六单元古诗文《望天门山》《饮湖上初晴后雨》《望洞庭》的课后题1："有感情地朗读课文，想象诗中描绘的景色。"

三年级下册，第一单元《绝句》《惠崇春江晚景》《三衢道中》的课后题2："结合诗句的意思，想象画面，说说三首诗分别写了怎样的景象。"

四年级上册，第三单元《暮江吟》《题西林壁》《雪梅》的课后题2："想象'一道残阳铺水中，半江瑟瑟半江红'的景象，用自己的话说一说。"

四年级下册，第一单元《宿新市徐公店》课后题2："读下面的诗句，说说你眼前浮现了怎样的情景。"

这里多处提出"想象""眼前浮现了……"，这些都是在引导孩子的感官图像体验。所以说，感官图像记忆力是保障阅读的一个重要能力。

构建感官图像记忆力，是一个内化的体验，并不是可以摆出来、看得见、摸得着的实物。所以，我们需要引导孩子培养感官图像记忆力，在日常生活中有意识地训练孩子把文字转化成图像的能力。

我们要重视课本的课后习题，在开始训练前，我们可以做个示范，向孩子描述我们自己在阅读时"看"到的画面，然后，让孩子阅读，问问他们"看"到了什么，跟我们的有什么不同，甚至可以一起探讨一下，为什么会出现这样的不同。让孩子畅所欲言，尽情地描绘，甚至表演出他们脑海中构建的感官图像。

读到这里，相信你已经完全理解了感官图像记忆力对激发孩子阅读兴趣的重要作用了。那就从现在开始，按照书中的方法来有意识地训练孩子的感官图像记忆力吧。

第 五 章

快速阅读能力：让孩子读得快、读得多

培育能力的事必须继续不断地去做，又必须随时改善学习方法，提高学习效率，才会成功。

——叶圣陶

孩子的阅读速度太慢，一本书要读好几天，甚至是几个月，怎么办？这也是很多父母犯难的一件事。在这一章，我们就来解决孩子阅读速度的问题。

不过，在开始正式内容之前，我想问问大家，当你看到"快速阅读"四个字的时候，第一个想到的是什么？是电视上看到的一目十行、蒙眼识字，还是一分钟扫完一本书？不管你想到的是什么，我敢肯定，和我所说的"快速阅读"是完全不同的。我所说的"快速阅读"是一种提高孩子阅读速度的科学方法，它只是阅读系统中的一个环节，而不是全部。

接受过快速阅读训练的孩子，对阅读有信心，容易获得成就感，对阅读充满兴趣。所以说，一目十行并不是快速阅读的目的，点燃孩子的阅读自信心，提高孩子的阅读能力才是快速阅读的终极目的。

本章分享的快速阅读方法，都是我在工作中实践出来的，操作方便，在家里就能带孩子练起来。

具体有哪些方法呢？读完这一章，你就知道答案了。

孩子阅读速度慢，让快速阅读来帮忙

"老师，我家孩子的阅读速度太慢了，一本书要读好几天，甚至是几个月，怎么办？"

"老师，我家孩子也有这样的问题，阅读速度太慢，考试时，阅读理解的文章读不完，答题很慢，语文成绩也差，该怎么办呢？"

……

在家长群里，很多父母都在抱怨孩子阅读速度这个问题。

阅读速度慢，文章读不完，题目做不完，考试成绩不理想，孩子的信心也备受打击……我在工作中也确实发现，很多孩子的阅读速度比较慢，一本书读很久才可以读完。

如果发现孩子的阅读速度慢，我们一定要重视起来，因为阅读速度不仅影响阅读，还影响学习。

✦ 提高孩子的阅读速度，刻不容缓

为什么说提高孩子的阅读速度刻不容缓？主要有下面两个原因。

第一，语文新教改对阅读速度提出了更高的要求。

北京大学语文教育研究所所长温儒敏曾经透露："语文高考最后实现让 15% 的人做不完！"这就意味着，语文科目的学习，对阅读速度提出了更高的要求。新高考制度的改革中明确提出，加大考题阅读量。其实不仅仅是语文科目，所有的科目都考查学生的阅读速度和阅读理解能力。如果你想要孩子能适应未来的考试，就需要未雨绸缪，在孩子阅读的初级阶段训练提升阅读速度。

第二，阅读速度越快的孩子，阅读自信心越强。

提高阅读速度，除了可为未来考试做准备，还能激发出孩子内在的阅读自信心。阅读速度越快的孩子，阅读自信心也越强，阅读自信心越强，阅读速度就会越快，如此循环，孩子的阅读能力就会慢慢地走进正向反馈，从而进一步突破孩子的阅读心理，激发阅读兴趣，提高阅读能力。

所以说，提高阅读速度是一件刻不容缓的事情。

✦ 快速阅读训练是提高孩子阅读速度的良法

既然阅读速度这么重要，要怎么提高阅读速度呢？带孩子学会快速阅读。

在开篇我就提到过，我讲的快速阅读和一目十行、蒙眼识字完全不同，是通过灵活运用感官图像记忆力提高孩子阅读速度的一种阅读方法。

在跟家长的沟通中，我发现家长对"快速阅读"的理解普遍存在两大误区。

第一种，父母眼中的"迷信论"

把快速阅读看成一个孩子成长路上的"转运神器"，不管眼下的孩子出现了什么问题，都期待快速阅读的神奇的力量可以瞬间让孩子脱胎换骨，变成一个又乖又主动的孩子。

有这种想法的父母，一般都是对自己孩子当下的状态非常不认可，期望一步登天，希望孩子的性格品质和学习能力都超快变优秀。这是不可能发生的事情。

在阅读这条路上，我们必须要有一个清醒的认知，那就是，阅读必须是自己一本书一本书地去读，没有谁可以替代。任何幻想一步登天，一下子就可以解决所有问题的思想都是错误的。一旦有了这样的思想，对孩子也是一个错误的引导。

世界上唯一的捷径就是——脚踏实地！

第二种，父母眼中的"无用论"

有些家长认为快速阅读是不可能发生的事情。持这种看法的家长很多，一方面可能是因为这些家长自身成长的过程中，并没有听说过什么快速阅读，更别说去拥有快速阅读的能力。另一方面可能是一些机构的过度以及夸大宣传，让家长认为快速阅读完全是骗人的。

那么，快速阅读的正确打开模式是怎么样的呢？孩子经过正规的系统训练，掌握了快速阅读方法，就能在原有的阅读速度上

提高 5 ~ 10 倍。很多孩子一开始的时候读书很慢，一个月，甚至一个学期只能阅读一本书，经过我们的系统训练之后，孩子可以在 40 分钟左右阅读完一本跟孩子实际能力相匹配的书。

为什么说父母对快速阅读的正确认识非常重要呢？因为这在一定程度上，父母的认识决定着孩子对阅读速度的认知。

我就遇到过很多这样的父母。迷信快速阅读的父母，会跟孩子不断地强调快速阅读的神力，好像快速阅读是祛除百病的良药。曾经有个孩子告诉我，他的妈妈对他说，只要他学会快速阅读，所有的学习成绩就会立马变优秀。很显然，这个孩子的心态是有问题的，他被先入为主地植入了一个观念，就是快速阅读是解决一切学习问题的"超神力的方法"，只要学会这个方法就好。

实际上，阅读是个系统性的学习过程，快速阅读只是阅读系统中的一个环节而已。就好比你要到 30 层，你不能说你只爬其中的第 30 层的楼梯，其他的不爬也可以到 30 层，这显然是错误的想法。再好比学开车，你就为了拿个驾照，拿了驾照后你就不再摸车。这样，你就算是拿着驾照，也是开不了车的。所以，家长首先要对快速阅读有正确认知。认知是根本，有什么样的认知，就会有什么样的态度。而家长的态度决定孩子的态度。

说到这里，我忍不住还是想再次强调一下：理性、冷静、客观地看待快速阅读，让快速阅读真正帮助孩子提高阅读速度。快速阅读只是阅读系统中的一个环节而已。切不可让快速阅读代替阅读的全部，否则就是喧宾夺主了。

第 二 节

快速阅读的核心训练法：图像速读训练法

还记得我们前面说到的感官图像记忆力吗？对，就是把文字转化成图像的能力。

前面我们提到感官图像记忆力能够激发孩子的阅读兴趣。但是，除了这个作用之外，还有没有什么其他的作用呢？有，感官图像记忆力还是孩子学习快速阅读的基础能力，或者说核心能力。

在多年的咨询工作中，我发现一个感官图像记忆力很好的孩子，不但阅读兴趣高，而且学习快速阅读的效果比一般的孩子要更好。而那些阅读慢的孩子在接受了感官图像记忆力的训练之后，他们的阅读兴趣和阅读速度都得到了全面提升，阅读的自信心也比以前强很多。因此掌握快速阅读的核心，是灵活运用感官图像记忆力。

当然，市面上介绍快速阅读方法的书特别多，在这里我与大家分享我和团队经过实践总结出来的确实有效的训练方法。

好了，言归正传，你准备好了吗？我们要开始了。具体分三部分，它们分别是：材料准备；故事接力；情景再现。

✦ **材料准备**

既然是图像速读法，肯定是需要很多图像来做训练教具的。所以，我们第一步的材料准备，实质上就是准备和收集图像。

图像的收集有两种方法：第一种，以孩子的语文课本里的生词为主，一般以 20 ～ 30 个词为一组。第二种，从日常生活中随意收集，像客厅的电视机、书柜、沙发、台灯等，由 20 ～ 30 个生活词语组成一组。

我举个例子，比如下面这 30 个词：

电视机、书柜、沙发、台灯、客厅、茶几、餐厅、新华字典、课桌、床、小区广场、古树、游泳池、跑车、镜子、厕所、马桶、外卖、酒店、高速公路、工厂、检测、写字楼、商场、大米、漫画、巧克力、舞蹈、飞人、快乐。这些词之间没有任何关联，也无逻辑关系，孩子们要怎样记住这些词呢？接下来，我们用"故事接力"的游戏来演绎这组词语，试一下孩子是不是可以完全记得住。

✦ **故事接力**

这个过程我们可以简单分为两个部分：第一，热身运动；第二，故事接力。

我们先看热身运动，具体包括图像解释和视觉再现两个环节。

图像解释就是把这些词对应的图片都打印出来，或者整理成PPT 用电脑展示给孩子看。每看一张图片，都问一下孩子图片里面有哪些细节。比如，上面我们所举的例子中的第一个词语电视机，我们可以找一张电视机的图片给孩子观察，然后，要孩子记住这张图片的细节和内容。

视觉再现，就是要孩子把记住的词在大脑中回忆一遍，比如第一个词电视机。当你给孩子图片之后，你可以问问孩子，闭上眼睛后眼前或者脑海里有没有电视机的图像。这样做的好处就是可以通过联想让外在的图片刺激孩子的内视觉，继而让孩子能够记住这些图片。

接下来我们就正式开始故事接力。故事接力，就是将相邻的两张图片用故事的方法串联起来。比如，我们所举的例子中的第一个词电视机和第二个词书柜，当孩子看完这两个词语的图片之后，要根据这两个词语展开想象，编织一些故事把这两个词串联起来。故事越荒诞可笑，孩子玩得越开心，记得也越牢固。

比如，电视机和书柜，我们可以展开联想说，一台大大的电视机就像是张开了一个大嘴巴的狮子一样，一口把书柜吞吃掉了，边说边做动作，加深孩子们的印象，孩子会记得特别牢固。

另外，强调一下，不管是热身运动，还是故事接力，都在运用孩子的感官图像记忆力。这就是我强调感官图像记忆力重要性的原因。

接下来我们一起来试一下，把前面的词用故事接力的方式串联起来。

我先用 5 组词语来做一个示范。

（1）电视机—书柜。我们首先在脑海中调出电视机和书柜的画面，然后把两个画面组合在一起形成一组动作。我们可以联想到这样的场景：我家客厅里有一台电视机，这个电视机镶嵌在书柜的中间；或者是电视机里面有一个大大的书柜；再或者电视机张开了一个大大的嘴巴，一口把前面的书柜给吞掉了。

（2）书柜—沙发。我们可以联想到这样的场景：书柜里放了一张沙发，或者书柜放在沙发的后面。

（3）沙发—台灯。我们可以联想到这样的场景：沙发的边上放了一盏台灯，或者书柜放在沙发的后面。

（4）台灯—客厅。我们可以联想到这样的场景：一盏大大的台灯，摆放在客厅的最中央，或者台灯灯罩上映着整个客厅，简单说就是台灯里面有客厅。

（5）客厅—茶几。我们可以联想到这样的场景：客厅里面摆放了一张茶几，或者客厅会变魔法，客厅变成了一张茶几。

下面留白的地方，就是给家长和孩子留的作业，用同样的方法试一下，看看孩子都联想到了什么，并把它写下来。

（6）茶几—餐厅。

我们可以联想到这样的场景：

_____

（7）餐厅—新华字典。

我们可以联想到这样的场景：

_____

（8）新华字典—课桌。

我们可以联想到这样的场景：

_____

（9）课桌—床。

我们可以联想到这样的场景：

_____

（10）床 —小区广场。

我们可以联想到这样的场景：

_____

（11）小区广场—古树。

我们可以联想到这样的场景：

_____

（12）古树—游泳池。

我们可以联想到这样的场景：

_____

（13）游泳池—跑车。

我们可以联想到这样的场景：

_____

（14）跑车—镜子。

我们可以联想到这样的场景：

_____

（15）镜子—厕所。

我们可以联想到这样的场景：

_____

（16）厕所—马桶。

我们可以联想到这样的场景：

_____

（17）马桶——外卖。

我们可以联想到这样的场景：

（18）外卖 ——酒店。

我们可以联想到这样的场景：

（19）酒店——高速公路。

我们可以联想到这样的场景：

（20）高速公路——工厂。

我们可以联想到这样的场景：

（21）工厂——检测。

我们可以联想到这样的场景：

（22）检测——写字楼。

我们可以联想到这样的场景：

（23）写字楼——商场。

我们可以联想到这样的场景：

（24）商场——大米。

我们可以联想到这样的场景：

（25）大米——漫画。

我们可以联想到这样的场景：

（26）漫画——巧克力。

我们可以联想到这样的场景：

（27）巧克力——舞蹈。

我们可以联想到这样的场景：

（28）舞蹈——飞人。

我们可以联想到这样的场景：

（29）飞人——快乐

我们可以联想到这样的场景：

故事接力，就像是链条环环相扣，把片段的感官画面就这样形成动态且连续的动画故事，也可以说是通过故事接力打造了一条动画感十足的记忆短视频。

✦ **情景再现**

　　情景再现是什么意思？就是把上面 30 个词所串联起来的故事，在脑海中重新回忆一遍，就像是闭上眼睛，在脑海中欣赏自己制作的短视频一样，看看中间有没有卡壳的地方。如果有卡壳的地方，可以翻看资料，然后再闭上眼睛，直到可以把所有的词语完整无误地回忆出来。既可以从第一个词到最后一个词，也可以从最后一个词开始，从后往前一个接一个地复述。

　　当孩子可以一口气完整地把这些字词复述出来时，就说明孩子的这组"故事接力"很成功。

　　这个练习一点都不难，难的是父母是否愿意花时间去做这件事情。因为做这个练习需要花费一定的时间，而且最好是在不被打扰的环境下进行。这样父母和孩子都能沉浸式地进行。当孩子能够灵活运用感官图像记忆力时，就可以带孩子正式开始快速阅读了。

　　如果这种沉浸式的训练刚开始执行时有些困难，那么你可以和孩子尝试每天完成一组 20 个字词左右的"故事接力"，并坚持进行，直到完成 800 个字词的"故事接力"。

　　800 个字词只是一个参考数值，能覆盖的字词范围越广越好。这种游戏对孩子的识字和词语理解能力是有帮助的。

快速阅读的基本功训练法：视幅训练法

除了图像速读训练法之外，还有其他的方法来帮助孩子的阅读吗？肯定是有的。就像孩子学习舞蹈一样，除了核心的舞蹈技能之外，老师还会要求孩子在课后多练练基本功，比方说，扎马步、下腰等。

快速阅读训练也是一样的，其最主要的一个基本功训练就是视幅训练。

✦ 什么是视幅?

为了清晰地表达视幅这个概念，我查阅了很多快速阅读的资料，我觉得百度百科中对视幅的解释更到位。

> 视幅是指人在阅读时其眼睛停顿一次所能看清的文字、词组和句子最大限量，或者指人在阅读时的一个视点所能感知的文字范围，又称视面或视域。

用一句话简单来解释，视幅就是眼睛一个视点所能感知的最大文字范围，即一眼扫过去所能看到的文字数量。视幅大，阅读速度就快，阅读效率就高。因此在阅读训练中要有意识地扩大视幅，以提高阅读速度和效率。

> 阅读学家的实验已证明，人在未受训练前，人的最大视幅大约为 30 个字母所能达到的长度，即半行文字左右。虽然视幅因生理条件、文化水平、阅读目的、阅读习惯不同而有一定的差异，但任何人都能经过训练逐渐扩大其阅读视幅。

✦ 怎么训练视幅？

训练视幅，建议从三个方面着手：横向视幅、纵向视幅、整体视幅。

在进行视幅训练之前，要提醒孩子注意以下事项：

①做视幅训练的时候，尽量不要随意转动眼睛，就盯着某一个点。

②注意眼睛的休息。视幅训练很费眼力，眼睛觉得疲劳也是常见的事情。一旦感觉得眼睛疲劳，就要放松一下，稍作休息和调整。

总结起来就是：眼睛不要乱动＋眼睛累了就休息，不要勉强。

接下来说一说训练法方法。

✦ 横向视幅训练

横向视幅训练大体有两种：一种是语句块阅读训练法，另一种是线性阅读训练法。

什么是语句块阅读？我们的传统阅读习惯于一个字一个字地逐字阅读，眼睛也是一个字一个字地看，或者是一个词一个词地看，看到的是片面的信息，并不是完整的语义。而语句块阅读，就是以短句、段落为单位，一眼看过去，能够看到整个句块的语义。

怎么来理解这个概念呢？我们来拿"今天天气真好"这句话做个例子。如果是传统阅读，我们是这样来看的：今 / 天 / 天 / 气 / 真 / 好。如果我们用语句块阅读来看是这样的：今天 / 天气 / 真好 /。

如果我们具有快速给文本划分短句、段落的能力，阅读的时候，就可以快速地将一个完整信息输入大脑，并且一下子就理解到了短句、段落的语义，这样就可以加快我们的阅读速度。

什么是线性阅读？线性阅读，就是眼睛看着一行一行的文字，呈线性地往下垂直移动，也就是以行为单位，一行一行地往下看。

为了训练横向阅读视幅，刚开始的时候，可以设置一行文字数，以方便阅读视幅的扩大。比方说，刚开始的时候，一行设置6个字，当眼睛适应了一行6个字的视幅，再重新排版到一行10个字，如此类推，视幅将会不断提升。

✦ 纵向视幅训练

纵向视幅训练，就是扩大孩子的纵向视幅宽度，可以从一眼看一行、两行到多行，逐渐加大训练。

对于普通孩子来说，经过长期的训练，他的视幅可以达到一目两行、三行等，不过，这样的能力，不是凭空就可以得来的，是需要经过长期训练的。

✦ 整体视幅训练

整体视幅训练，对孩子的要求较高，它不是一行一行的视幅训练，而是聚焦一个中心，让自己的视幅逐渐扩大，直到可以看到聚焦的这个中心周围的所有的文字。

训练方法：

（1）找一个安静的位置，让孩子以舒服的状态坐下来。

（2）找一本书，字体不要太小，也不要太大，让孩子两手拿着这本书，并且让眼睛聚焦到所翻到的这一页的中心位置的那个字。

（3）盯着中心的字不动，然后尝试着让视幅逐渐扩大，并辐射到这个字的周围的一圈。

（4）直到能看清楚周围的字，然后再进一步扩大视野，看清周边的字。

这个训练要求孩子的注意力高度集中，如果孩子可以坚持每天训练 15 分钟的话，经过几个月的积累，相信孩子的阅读视幅会逐步提升。

视幅训练，是一种肌肉训练，需要长期坚持，所以，它最考验的是我们的耐心。但一旦坚持下来，你就会看到意想不到的收获。

第 四 节

整本书快速阅读实战训练的三个步骤

所有的阅读训练，都是针对整本书进行的训练，而不是一篇篇的短文章。所以，本节我们来谈整本书快速阅读实战训练。

这个训练可以分成三个步骤：阅读前的准备工作，阅读中的监测工作，阅读后的检查工作。

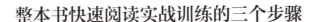 阅读前的准备工作

在孩子经过了图像速读训练和视幅训练之后，我们可以着手为孩子准备快速阅读的破冰之旅。

在正式开始整本书快速阅读的训练之前，有些准备工作要做。如果准备工作不做到位，很容易干扰孩子的阅读训练。

具体准备工作如下：

（1）时间安排。

首先，要为孩子预留 1～2 小时，而且是不间断的，这个时间段不要有其他的安排，以免干扰孩子的阅读进度。

其次，要选一个孩子精神状态最好的时间段，比如，上午 9 点—11 点，或者下午 3 点—5 点，这样可以确保孩子的注意力

集中。

最后，要确保在这个时间段，家里的环境是安静的，没有外在因素的干扰。

（2）气氛烘托。

生活需要仪式感，阅读也需要仪式感。仪式感可以让我们对在意的事情，怀有敬畏心理，它能唤醒我们对生活的尊重。

我们可以给予孩子积极的心理暗示，让孩子觉得自己可以做到，怀着一种向往的心情去验证快速阅读的成效。你可以跟孩子说："宝贝，前几天呀，我们已经在你的大脑中种下了一粒神秘的种子，这粒种子具有神奇的魔法，它能够帮助你提高阅读速度，让你40分钟读完手上这本书。"年龄比较大的孩子，他们可能会觉得好笑，认为妈妈在说大话，而年龄比较小的孩子，则会用充满期待的眼睛看着你，希望这个魔法给自己带来神奇的变化。不管孩子的表现如何，都不要去评判，用欢喜心去接纳就好了。

我们也可以陪孩子听一段冥想音乐，不用太长时间，5分钟左右即可。目的是让孩子放松，并且调整好心态，准备阅读。

（3）选对书。

进行阅读训练时，选对书很关键。孩子的阅读是否能够顺利进行，跟手上的书的难易程度有关系。所以，是否选对书，关乎阅读训练的成败。

那么怎么选呢？有两个前提非常关键，一定要注意。

第一个前提是挑选与孩子识字量相匹配的书。如果有少部分生词，是不会影响阅读的，但如果生词比例过高就会影响阅读。根据孩子的实际水平，挑选与孩子的能力相当的书籍。

第二个前提是挑选与孩子理解能力相匹配的书，或者是孩子的实际理解力能够驾驭阅读内容的书。如果孩子的见识、阅读积累不够，去读一本自己不能掌控的书，阅读速度是快不起来的。有时候，你会发现，孩子面前的这本书，明明每个字都认识，但是孩子就是不知道是什么意思，这说明孩子的实际理解能力与这本书不匹配，需要换一本简单的书给孩子读。我们要知道，虽然阅读速度可以在很短的时间内提升，但阅读理解能力的提升需要一个相对较长的时间，它是在循序渐进中提升的。

为了挑选合适的书给孩子，下面列出了一些选书注意事项。

①挑选合适厚度的书。二三年级的孩子挑选 1 万～ 3 万字的书，五六年级的孩子挑选 6 万～ 8 万字的书。

②挑选有故事情节的书。故事情节能充分培养孩子的感官图像记忆力。如二三年级的孩子可以挑选《小鲤鱼跳龙门》《吹牛大王历险记》等，五六年级的孩子可以挑选《兔子坡》《爱的教育》等。

③挑选孩子以前看过但是没有太多印象的书，这样的对比体验，感觉会更强烈。

④挑选孩子能驾驭的、在孩子理解能力范围内的、孩子感兴趣的书。

✦ 阅读中的监测工作

正式开始阅读之后，家长随时观察孩子，注意出现的一些阅读偏差并随时为孩子纠偏。

孩子在刚开始接受快速阅读训练时，很容易被惯有的阅读习惯带偏，所以，在整个阅读过程，家长需要有耐心，全程观察并陪伴孩子，发现偏差，及时纠正。

在这里，我把孩子容易出现的阅读偏差表现总结如下。家长可以多留意一下，看一下孩子有没有这种情况。

（1）回读。

很多孩子在开始阅读的时候，总是担心自己没有真的理解句子的意思，因此就会出现回读现象——看完下一句，又回读上一句，如此反反复复。回读会导致孩子的阅读速度特别慢，同时，也会影响到孩子的理解能力。

为了避免孩子在快速阅读训练中出现这种情况，家长可以事先提醒孩子，千万不要回看，也不要担心自己没读懂。家长要给孩子信心，告诉孩子一直读下去。

（2）默读。

有些孩子存在默读的习惯，眼睛看一个字，嘴巴默读一个字，这种阅读方式，也严重影响着孩子的阅读速度。所以，正式开始阅读前要提醒孩子不要默读。

（3）避开障碍。

在孩子保持着一定的速度节奏在阅读时，可能在某一个点上你会发现孩子停住了，这时候，可能是孩子碰到了难以理解的内容。遇到这种情况，家长可以小声地告诉孩子，先把这段有障碍的内容跳过去，继续往下阅读，找到整体的阅读感就可以。

阅读过程中的监测的目的，是确保孩子一气呵成地读完整个故事，找到整体阅读感。

◆ **阅读后的检查工作**

当孩子在规定的时间内读完了一本书之后，要如何确认阅读效果呢？

我们采取复述的方式检查孩子的实际阅读情况。复述的时候，我们不给孩子任何的条条框框，让孩子在没有压力的情况下按着自己的感觉将故事讲述出来。

常见的复述方法有：

①孩子自由发挥、不设限地自由复述。

孩子阅读结束之后，脑海中有什么就讲什么，可能孩子记住的是某一章节的图片，也可能是某个最精彩的故事片段，都没关系，只管鼓励孩子开口复述就好。

②引导孩子按六要素来复述。

在复述以前，家长可以先提示孩子想想故事的时间、地点、人物、起因、经过、结果。然后孩子再开始复述。

以上是整本书阅读实战的三个重要的步骤，按照这些步骤，带孩子一本书一本书地来读，相信孩子的阅读速度一定可以提高。

快速阅读的注意事项以及对应的策略

说完整本书实战训练之后，我们接着来说一说快速阅读训练过程中的注意事项。

✦ 阅读速度测算表

经过快速阅读训练，孩子的阅读速度可以提高 3 ～ 5 倍，那么，阅读速度是如何计算的呢？

准备一个计时器，可以是手机的秒表、手表、墙上的挂钟等。

拿出一本孩子喜欢看的书，要孩子随意翻开一页，然后，要孩子在保证理解的基础上连续阅读 1 分钟。这一分钟的阅读时间，要保持绝对的安静，不要干扰到孩子。一分钟时间到，要孩子在阅读的文本中画一个标志。

计算每行的平均文字。把孩子阅读的书拿起来，在孩子读的那一页随意找出 6 行，并把 6 行的总字数数出来，用 6 行总字数除以 6 就可以得出每一行的大概字数。比如，6 行总字数是 240 字，那么每一行平均字数是：240/6=40 字。

计算一分钟的阅读字数（阅读速度）。数一下孩子在刚刚一分钟内总共阅读了多少行。如果是 5 行，那么孩子的阅读速度就是：$5 \times 40 = 200$ 字。那么测算的孩子的阅读速度就是 200 字 / 分钟。

从实际阅读速度的测量结果来看，一个没有接受阅读速度训练的孩子的平均阅读速度大概为 100 ～ 200 字 / 分钟，很少有超过每分钟 300 字的阅读速度的孩子。

以上是训练之前的阅读速度的计算方法。那如何测算接受阅读训练后的速度呢？

当孩子接受了整本书的快速阅读实战训练之后，孩子的阅读速度的测量方法是：用整本书的总字数除以总阅读时间。比如，一个三年级的孩子在 45 分钟内阅读完了一本 3 万字的故事书，那么，孩子的阅读速度就是：$30\,000/45 = 750$ 字 / 分钟。

相较前后的阅读速度，就可以看出快速阅读训练的效果。

这个阅读速度的计算不是重点，它只是一个参考值，让家长心里有个底，知道孩子原来的基础是怎么样的，经过训练之后的效果又是怎么样的。我们学习快速阅读的目的不是炫耀孩子阅读速度有多快，而是要扎扎实实让孩子在读得懂的基础之上，提高阅读速度，增加阅读量，扩大阅读视野。

✦ 阅读过程中的辅助方法

快速阅读对孩子专注力的要求非常高，要想提高阅读速度，足够的专注是关键。但是我们在训练中发现，有些孩子容易出现回读、默读、看错行、犯困走神等各种问题。

如果在多次提醒孩子之后，这些状况还是没有得到改善的话，可以采取辅助方法来帮助孩子，让孩子在阅读时更专注、更高效。

我们常用的一种方法是指读法。这种方法简单易操作，如果可以灵活运用，对孩子的专注力也有很大的帮助。

具体怎么做呢？

（1）指读法的道具准备：准备一把尺子或一支铅笔。直接用手指也是可以的。

（2）把尺子或铅笔放到所阅读书的最右边，然后沿着一行一行的文字往下移动。在这个移动的过程中，家长要实时观察孩子的实际阅读速度。要是移动太快，孩子可能根本跟不上这个速度；要是移动太慢，可能会影响孩子的阅读速度，干扰孩子的阅读体验。为了与孩子的阅读速度相匹配，在移动尺子或铅笔的时候，家长用眼睛的余光观察孩子的眼睛，保持与孩子同速度，让孩子专注地往下读。

当然，如果孩子习惯了指读法，也可以让孩子自己用手指一行行地引导自己的阅读。

不过，需要提醒的是，指读法只是一种辅助方法，千万不要让孩子对指读法形成依赖，要不然会影响阅读速度。当孩子的阅读速度提高了之后，就要坚决抛弃指读法。

✦ 坚定信心，巩固阅读速度

《超级快速阅读》中提道："包括神经学在内的各领域研究都已证明，每个阅读能力处于平均水平线以上的人，都有可能在不影响理解和记忆的基础上将自己的阅读速度提高3倍以上。"

大量的实践也证明，只要科学地训练，孩子的阅读速度一定是可以提高的。所以，父母要相信，通过正确的方法，每个孩子的阅读速度都可以从开始的 100 ～ 200 字 / 分钟提高到 600 ～ 800 字 / 分钟，甚至更高。

当孩子告别了蜗牛式的阅读法，不再为读不完一本书而犯难的时候，当孩子学会了正确的阅读方法，把阅读速度提高 3 ～ 5 倍之后，孩子的内在阅读自信心也会瞬间被点燃。阅读的自信心是支撑孩子走进海量阅读的前提。

所以，一定做一个信心坚定的智慧父母，相信孩子一定行！

当然，还有一点要提醒的是，每个孩子的实际情况是各不相同的，训练的效果也会各不相同。有的孩子学起来很快，有的孩子学起来会比较慢，所以，不要拿孩子跟别人来对比，只要孩子在进步就好。

第 六 章

阅读坚持力：让孩子一年读完 100 本书

不要失去信心，只要坚持不懈，就终会有成果的。

——钱学森

孩子阅读不能坚持，阅读量很难突破，怎么办？

孩子阅读总是三分钟热度，不能够持之以恒，怎么办？

孩子学完了感官图像记忆力以及快速阅读之后，不知道怎么巩固阅读方法，怎么办？

读完前面三章，我们就已经知道如何解决孩子阅读时坐不住、记不牢、读不快这三个核心问题了，父母们可以松一口气了，因为对于大部分孩子来说，一旦解决了阅读专注力、阅读记忆力、阅读速度之后，他们就可以开始自主阅读了。

但事实上，还有一个特别重要的事——那就是让孩子做到保持持之以恒的阅读习惯。如果孩子没有坚持阅读的习惯，就没有阅读量的积累；没有阅读量的积累，就很难扩大孩子的知识面。这也是让很多父母都头疼的问题。怎么解决这个问题呢？

这一章，我们就来分享如何帮助孩子巩固阅读方法，突破阅读量，激发阅读自信心！

掌握四大习惯培养定律，轻松培养阅读习惯

你知道吗？孩子阅读很难坚持的根本原因，其实是没有培养孩子的阅读习惯。

为什么阅读习惯的培养这么难？

事实上，不但是阅读习惯的培养难，任何一个新的习惯的培养都不是一件容易的事情。

你心里知道早起对身体的好处，也想培养自己早起的习惯，可是没坚持几天就放弃了。

你很清楚运动对健康的好处，也想培养自己运动的习惯，可是至今为止你依然没有养成运动的好习惯。

……

养成一个新的习惯，确实不是一件简单的事情，它考验的不仅仅是一个人的用心，更考验一个人的耐心，以及一个人的行动力。

✦ 什么是习惯？

在说阅读习惯以及阅读习惯的培养路径之前，我们先来说一

说习惯是什么以及习惯培养的路径。理解了这些，就能帮助我们轻松培养阅读的习惯，因为，阅读习惯也只不过是众多习惯中的一种，它与所有其他习惯一样，有着习惯培养路径的"共性"。

首先，我们来看什么是习惯？

《掌控习惯》这本书给习惯的定义是："习惯是重复了足够多的次数后而变得自动化的行为。习惯形成的过程始于反复尝试。"这两句话，其实已经把什么是习惯与习惯的培养路径都说明白了。

习惯是一种自觉自发的行为。习惯不是一个念头、一个想法，所以，我们要端正对习惯培养的认知，要明白培养一个习惯，不是只是动动脑子，想一下就完事了，它是实实在在的行为改变，需要长期反复练习，需要付诸行动。

《汉书·贾谊传》中的"少成若天性，习惯如自然"说明，行为一旦养成习惯，以后就会变成自然而然的事情，即"习惯如自然"。

既然习惯的形成需要一个反复的练习的过程，那么，孩子的阅读习惯的形成，也一定离不了长期反复的阅读练习，也一定是一个长期坚持的过程。

✦ 为什么培养一个新习惯很难？

任何一个习惯的培养都有一个"能量蓄积期"，这个时期的特点是，看不到改变，看不到进步，所以，很多人熬不过这个时期，容易放弃，导致一个新习惯的培养很难养成。

那什么是"能量蓄积期"呢？在解释这个"能量蓄积期"之前，我们不妨先来看一下"竹子定律"。

竹子在生长的前四年时间里，它仅仅长了 3 厘米高。但是，从第五年开始，却每天都以 30 厘米的速度疯狂地生长，仅仅用了 6 周的时间就长了 15 米。

竹子定律告诉我们：成功的过程，绝大部分时间都是蓄势待发，等力量积蓄到一定程度后，便一发而不可收，正所谓"势如破竹"。

培养任何一个新习惯的过程中，都有一个相当长的"沉默期"，也就是"能量蓄积期"。在相当漫长的时间里，是能力的逐渐增加，根本感受不到任何变化。

孩子阅读习惯培养也是如此。有的父母以为一两天的时间，或者孩子读一两本书就可以培养出阅读习惯，这显然是一个错误的认知。必须纠正这个错误的认知，否则，孩子是无法熬过"能量蓄积期"的。

然而，要是孩子坚持阅读一年，甚至更长的时间，都看不到明显的变化时，作为家长的你，还愿意坚持吗？我觉得，这时候更多的是考验父母的信心。如果你能坚持，你就会愿意陪伴孩子走过这段"能量蓄积期"，守得云开见月明！

所以说，对于任何一个新习惯的培养的最大挑战，是"能量蓄积期"的煎熬。

✦ 掌握四大习惯培养定律，轻松培养阅读习惯

怎么做才可以顺利熬过"能量积蓄期"呢？有规律可循吗？还真有！

《掌控习惯》指出了培养一个新习惯的四大定律，它们分别

是：让它显而易见；让它有吸引力；让它简而易行；让它令人愉悦。

那么如何运用这四大定律来帮助孩子培养阅读习惯呢？让阅读看得见；让阅读有吸引力；让阅读简单易行；让阅读愉悦身心。也就是说在阅读"能量积蓄期"，要做到简单快乐、有吸引力、能看得见。

每个孩子都可以做到 1 年轻松读完 100 本书

你相信孩子 1 年能读 100 本书吗？

假如你还没有陪伴孩子阅读的习惯，你可能会怀疑孩子 1 年能读完 100 本书。但我想告诉你，只要方法得当，哪怕是以前没有阅读习惯的孩子，他也可以在 1 年内轻松读完 100 本书。我的工作实践证明这是完全可以实现的目标。

为什么要让孩子挑战 1 年读 100 本书，而不是 50 本、70 本呢？因为我在工作中发现，100 本这个数量，能够比较好地巩固阅读方法，提升阅读自信心。大量案例证明，当一个孩子完成感官图像记忆力和快速阅读能力训练之后，如果能够持续完成 100 本书的阅读量，这个孩子的阅读习惯就会养成，继而会引发强烈的阅读兴趣，阅读能力也会有质的飞跃。

✦ 通过 100 本书的阅读训练巩固阅读方法

在前面的内容中，我们重点讲了感官图像记忆力和快速阅读能力训练。接下来我们要如何固化这些能力呢？那就是练习，大量的练习。

我们说过，阅读是一项技能，技能的提高需要从实践中锻炼。就好比开车，开车的技术一定是在开车的过程中练就的。

所以，当孩子接受了基本的阅读训练之后，接下来要做的事情就是进行整本书阅读训练，将所学与自己的实际相结合，通过一本书一本书的阅读积累，来及时巩固阅读方法。

我在工作中，看到过很多这样的孩子：他们在前期因为种种原因，不愿意接受巩固练习，在一段时间之后，让他再来阅读，他又需要经历很长的心理调适期，浪费时间不说，也消耗了很多精力。而那些一直按照正常的节奏来阅读的孩子，他们的阅读能力得到了实质性提高。

所以，巩固阅读方法的最好方式是：一鼓作气，趁热打铁，通过 100 本书的阅读巩固阅读方法。

✦ 让看得见的积累量进一步激发孩子的阅读自信心

孩子挑战 1 年读完 100 本书的好处，除了能够巩固阅读方法，提高阅读能力之外，还能进一步激发孩子内在的阅读自信心，让孩子从内心深处生发"原来我也可以"的自豪感。

　　我有个学员，马上要进入初中了，她在我们的夏令营读了 100 多本书。当夏令营结营的时候，她拿出自己的"阅读银行"登记本，看到自己居然在不知不觉中读了这么多书的时候，她高兴地跳了起来，抱着身边的好朋友说："哈哈，原来我也可以，我也可以！你看，你看，我都读了 100 多本书了。"

　　这个孩子进入初中之后，一直保持着自主阅读的习惯，学习成绩也很好，多次被评为学习标兵、优秀学生干部。

像这样的孩子特别多，当他们在不知不觉中有了 100 本书的阅读量时，他们仿佛发现了另一个自己："原来，我以前最害怕的阅读，其实也并不可怕！" 100 本书的阅读量，激发了孩子内心深处的自豪感。

100 本书的量，就像是孩子攀登阅读山峰的第一座高山，当孩子有了这样的体验之后，再回头看其他的书籍的时候，便会有了"会当凌绝顶，一览众山小"的轻松惬意的感觉。

✦ 掌握泛读技巧，让孩子 1 年读完 100 本书

明白了孩子 1 年挑战 100 本书的意义，接下来，我们说说孩子怎么做到 1 年读 100 本书。

我推荐用泛读法，用 1 年的时间积累 100 本的初始阅读量。

说到泛读，你或许会有疑问：泛读对孩子有帮助吗？会不会导致孩子养成"不求甚解""囫囵吞枣"的学习习惯？

温儒敏教授曾经说过一句话："不要每一本书都那么抠字眼，不一定全都要精读，要容许有相当部分的书是'连滚带爬'地读的，否则就很难有阅读面，也很难培养起阅读兴趣来。"这里说的"连滚带爬"地读，就是"泛读"。

泛读法，能够帮助孩子扩大阅读面，这是很多阅读专家推荐的方法，也是我在工作实践中证实的最有效的一个方法。

那到底什么是泛读呢？我们来看百度百科中对"泛读"的定义：泛读是指广泛地阅读，通常也指一般性阅读，意在追求对作品的

整体理解以及阅读速度，而不注重一些字句的理解，也不会逐字逐句地理解文章。

泛读并不是不求甚解，泛读是对作品整体的理解和把握，并不要求一字一句分析理解。

曾国藩在他的《曾国藩家书》中这样讲："甲五经书已读毕否？须速点速读，不必一一求熟。恐因求熟之一字，而终身未能读完经书。吾乡子弟未读完经书者甚多，此后当力戒之。诸外甥如未读完经书，当速补之。至嘱至嘱。""不必一一求熟"，就是说读书不用追求逐字逐句精熟，如果因为一两句话的不理解而停滞不前，就会一直读不完这本书。

如果我们把阅读 100 本书看成是"阅读马拉松"的话，那么在阅读过程中如果遇到路障，要学会绕开路障向终点继续进发。

读到这里，你是不是很想陪孩子来挑战 1 年读 100 本书？只要你想参加，我们就有方法帮到你。

实践证明，孩子 1 年读 100 本书并不难。有些孩子，只需要寒暑假的时间，就可以读完 100 本书。

那么，这 100 本书到底是什么书？

曾经有很多家长问我，这 1 年读 100 本书，要是孩子拿一些漫画充数，算不算呢？这种情况肯定是不算的。事实上，每个孩子都有独有的书单，这个书单，是因人而异的。因为每个孩子的阅读能力不同。孩子只可能阅读跟他能力相匹配的书，超过孩子阅读理解能力的书，孩子根本就看不完。如果拿一本高等数学放到你面前，估计你也会有头皮发麻的感觉，孩子也是一样的。

所以，书单很重要。

你有没有遇到过这样的情况：你看到同事家的孩子在看《狼

图腾》，而且这孩子看得特别起劲，看完还能跟你互动交流，你也忍不住买一本回来给自己孩子看，你觉得两孩子同年级，看的书应该都是一样的。但是，事实上，你买回来的书，孩子根本就不看，你怎么诱惑，怎么说，孩子就是不爱看。

这是我工作中的一个实例，其实，孩子的阅读能力根本不能驾驭这本书，即使家长磨破嘴皮子，孩子也不会看，要是时间久了，孩子还可能逆反，更加不愿意阅读了。因为在他的眼中，阅读就像是一个硬性的任务，而且根本就不顾及他的实际能力。在这种情况之下，孩子要么假装应付，要么叛逆。

所以，父母一定要记得，孩子阅读的书单很重要，孩子只会阅读跟他能力匹配的书。在阅读中拾级而上，才是正确的方式。

1 年读 100 本书的三种阅读方式

上一节说了每个孩子都可以做到 1 年读 100 本书。那么，这一节，我们就来说一说完成 1 年读 100 本书的阅读方式。

根据孩子的时间安排，阅读方式有三种选择。

第一种是沉浸式阅读。家长可以利用寒暑假的长假期，让孩子进行大量的阅读，集中突破阅读量。这是效果最好的方式，也是最值得推荐的一种方式。

第二种是日常阅读，保持三天一本书的节奏，一年读完 100 本书。

第三种是组合式阅读。孩子可以挑选某一个寒假或者暑假的时间，进行集中式的阅读，体验沉浸式阅读的乐趣。日常时间，按照三天一本书的节奏来阅读。

接下来，我们重点说说这三种方式。

✦ 沉浸式阅读方式：集中突破阅读量，激发孩子的自信心

沉浸式阅读就是自由自主地阅读。

世界语言学家、阅读教育理论研究者斯蒂芬·克拉生在《阅读的力量》这本书中，用了大量的文字描述和研究数据，向我们阐述一个事实：自由自主阅读力量强大。

书中指出："自由自主阅读（Free Voluntary Reading，FVR）是指阅读者纯粹出于兴趣而阅读，不需写读书报告，也不用回答章节后问题的阅读方式。"书中还引用了大量的案例数据来证明，实施这种自由自主的阅读方案，只要超过一年的时间就会成效显著。

"自由自主阅读"，我把它称为"沉浸式阅读"，是我们要重点说明的一种阅读方法。

沉浸式阅读方式，就是让孩子们自由自主地阅读，不需要跟孩子们讨论他们所阅读的书的内容，也不需要评判孩子的阅读速度、阅读理解，等等。什么都不需要做，这时候，父母的角色，就是纯粹的安静的陪伴者。

对于孩子而言，这是一种简单易行的阅读方式。不是为了考试而阅读，不是为了刷题而阅读，更不是为了评比而阅读，纯粹是为了阅读而阅读，孩子们没有心理压力，没有考试压力，更没有排名的压力，所以对于孩子来说，他们的内心是放松的、舒适的、愉悦的。这时候的阅读效果也往往最好。

沉浸式阅读的时间，最好安排在寒暑假。通过寒暑假的集中时间，陪孩子们沉浸式阅读，一次性突破阅读量，让孩子在短期内快速且有效地看到自己的进步，体验到阅读积累带给自己的成就感。这种体验，对孩子来说非常难能可贵。

我们有一个五年级的小男孩，叫多多。他在参加阅

读夏令营之前，没有阅读习惯，也没有多少阅读量，一年都读不了几本书。

在夏令营中，我们通过各种互动游戏，带孩子走进阅读，让孩子在不知不觉中喜欢上阅读，并且学会正确的阅读方法。

通过为期一个月的夏令营，多多从开始压根就不怎么读书的孩子，变成一个开始找老师借书回去阅读的孩子。妈妈来接他的时候，他把登记了 50 本书的阅读本给妈妈抽查，回去的时候，还跟妈妈说："等下，我借五本书回去，这套书太好看了。"

夏令营之后，多多每天坚持阅读打卡，拍阅读视频给老师。他妈妈反馈说，孩子的阅读真的进步特别大，语文成绩也进步了。

从类似于多多的孩子身上，我们发现了沉浸式阅读带给孩子的超强成就感。夏令营或者是冬令营中，有很多孩子都是一次性集中突破 100 本书。他们不觉得累，也不觉得 100 本书有多么难，他们在不知不觉中读完 100 本书，都会惊异于自己的能力！

阅读能力越高的孩子，在假期读的书越多；而阅读能力低的孩子，读的书更少。久而久之，孩子们之间的差距也将会变得越来越大！

如果你也想孩子在假期能够弯道超车的话，不如趁寒暑假陪孩子沉浸式阅读。

✦ 日常阅读方式：保持三天一本书的阅读节奏，轻松读完 100 本书

有些父母会说，孩子没有时间参加夏令营或冬令营，没法进行集中式阅读突破，也有办法挑战吗？

有办法。

那就是用日常时间，保持三天一本书的节奏阅读。一年 365 天，如果孩子可以坚持三天一本书的话，一年就会超过 100 本书了，这里还不算孩子可能周末或者寒暑假去集中阅读的时间。但是，日常阅读方式，父母的引导起着至关重要的作用。

具体怎么引导呢？分三步走。

（1）准备好"阅读银行登记本"，及时为孩子记录阅读的书。关于"阅读银行登记本"，我们会在下一节详细说明。

（2）安排好每天的阅读时间，确保每天可以有 30 分钟的阅读时间。

（3）阅读完之后，及时登记。

准备工作就绪，接下来就是重点——怎么读。这 100 本书怎么读呢？分成两个阶段来读。

第一个阶段：50 本书。这个阶段，孩子在自主阅读之后，需要进行复述，并且在"阅读银行登记本"上如实地记录是否已经复述，复述的情况如何。

第二个阶段：50 本书。这个阶段，孩子在自主阅读之后，需要进行复述和读后感的输出转化，进一步提高孩子的阅读输出转化能力，也就是口头表达能力和书面表达能力。

每个孩子都值得来挑战一下"一年 100 本书"的任务！"尝

试过坚持的人锻造了信念。"尝试的过程，就是锻造信念的过程。

✦ 组合式阅读法：沉浸式阅读＋日常阅读，轻松读完100本书

有些孩子，会选择在寒暑假进行沉浸式阅读，而平常则进行日常阅读。

这个方式比较简单。家长可以根据孩子的实际情况来安排时间。比方说，在寒暑假的一周时间，每天到阅览室、书城等阅读空间集中阅读，根据孩子的阅读能力确定目标阅读量。在日常，可以每天放学后固定30分钟的阅读时间。这种方式很灵活，既确保了阅读量，也锻炼了孩子时间规划的能力。

不过，在这里要特别说明一下，至少要在沉浸式阅读50本书之后，再跟孩子进行阅读讨论。什么意思呢？就是孩子阅读的前50本书，不要问孩子读懂了没有，只管让孩子读就好了。如果家长有时间，可以让孩子复述一下书中的内容，但是不要以考查孩子的口吻和孩子讨论。这50本的阅读量，就像是给孩子的阅读道路打基础，通过这50本的阅读量，让孩子跟文字混个眼熟，混个亲切感，混个期待感。读完了这50本书之后，再读下一个50本书的时候，再进行读后感的练习。

每个孩子都值得拥有1年挑战100本书的超阅读体验！在体验中感受阅读的魅力，在体验中见证阅读的力量。

还等什么，赶紧行动起来吧，1年读100本书，孩子一定可以的。

阅读银行登记本，让阅读进步看得见

✦ "阅读银行登记本"，让阅读进步看得见

"您知道您家孩子读了多少本书吗？积累了多少阅读量吗？"我问过很多父母这个问题，但是大部分父母都回答不知道。

假如我现在给你一个任务，帮孩子记录他读过的书，你愿意吗？你或许会问："有这个必要吗？"

这个太有必要了。为什么这么说呢？因为这样做可以让孩子的阅读进步看得见。

还记得阅读习惯培养的第一大定律吗？就是让阅读进步看得见。

但是，在实际工作中，我发现让阅读进步看得见，不是一件容易的事情。因为阅读是一个内化的过程，它没有直观的可视化的呈现方式。它不像书法、钢琴、画画等可以有作品拿来展示，有各种考级让家长直观地看到孩子的学习成果和进步。即使家长

不知道欣赏凡·高的画作，不知道欣赏莫扎特的音乐，但是一点都不会影响他们判断孩子的学习成果，因为只要跟着老师说的考级学上去就好了。

阅读这件事情就没有这么幸运，它没有考级，没有视觉化的作品可以呈现给父母，要是碰上害羞、不善表达的孩子，那更加不知道孩子阅读了什么了。

怎么让阅读显而易见呢？最直接的方法，就是让阅读留痕，让阅读看得见，如实登记孩子读过的书。

> 有一个四年级孩子的妈妈，她执行力超强。她听我分享了帮孩子记录读过的书的观点后，就果断地行动起来。后来，在学期末的时候，她发了一个 Excel 表给我。我打开她发来的文件，从孩子阅读的第一本书开始，每天几点钟，读了什么书，这本书的作者是谁，以及这本书的字数是多少，都记录得清清楚楚。孩子一共读了 98 本书。

她跟我分享说，自从帮孩子开始记录读过的书之后，孩子的阅读兴趣比之前要高很多。孩子每读完一本书，都会开心地让她记录下来。有时候，孩子会骄傲地说："你看看，我读了这么多书了。"

其实，这样的案例特别多。有些父母还会反馈说，自从和孩子一起记录之后，感觉亲子关系都融洽了很多。

✦ "阅读银行登记本"，让阅读量直观可见

每个孩子都需要积累阅读量，你同意这句话吗？我相信，没有父母会对这句话有异议。

为什么要积累阅读量？

2022 年的语文新教改对孩子整本书的阅读量有了明确的要求。我们来一起看一下。

小学第一学段（1～2 年级）

要求：尝试阅读整本书，用自己喜欢的方式向他人介绍读过的书，养成爱护图书的习惯。课外阅读总量不少于 5 万字。

小学第二学段（3～4 年级）

要求：阅读整本书，初步理解主要内容，主动和同学分享自己的阅读感受。课外阅读总量不少于 40 万字。

小学第三学段（5～6 年级）

要求：阅读整本书，把握文本的主要内容，积极向同学推荐，并说明理由。课外阅读总量不少于 100 万字。

所以，小学阶段，重点是阅读，海量的阅读，通过大量阅读，扩大知识面，积累阅读量。

但是，问题来了，你知道你家孩子的阅读量吗？很多父母并不知道孩子的阅读量。有没有什么办法可以让阅读量直观可见呢？很简单，如实地登记孩子的阅读量到"阅读银行登记本"，让孩子自己心里有数。

阅读积累并非一蹴而就的事，它是循序渐进的过程。我们前面章节说的专注力、图像感官记忆力、阅读速度训练等基础训练是对整体阅读做的准备工作。

如果一个人要练习阅读，必须是一本书一本书地去读，也就是说在进行完基础训练之后，孩子必须进入整体阅读，一本书一本书读起来，在此过程中巩固方法、提升能力。

当阅读积累到一定量以后，就会发生质的飞跃。阅读基本功已经固化，孩子具备了相当好的阅读能力。

请记得：让数据来说话，让孩子的阅读量看得见。

✦ 每个孩子都值得拥有一本"阅读银行登记本"

那怎么记录呢？一般来说，有两种方式。

一种是直接做一份 Excel 表格，在表格中记录孩子的阅读情况。每隔三个月或者一个学期跟孩子回忆一下，看一下过去的这段时间都读了哪些书。

另一种就是给孩子准备一本"阅读银行登记本"，这个本子专门用来登记阅读时间、书名、书籍作者，等等。

我们阅读馆里的孩子都会有一本这样的"阅读银行登记本"，他们会记录自己读的书，记录完之后会给老师确认盖章，盖章的目的，只是和孩子确认是不是真的读完了这本书，有没有填写错误。

我每次看到阅读馆里的孩子捧着自己的"阅读银行登记本"，脸上洋溢着欣喜和自豪，都会不由自主地被感染到：原来，阅读是这么有趣！

这是我阅读的第（ ）本书			
书名			
作者			
学生复述/家长点评			
学生读后感/家长点评			

第 五 节

有效的正向激励，让阅读更有吸引力

我们再来说说阅读习惯的第二大定律——让阅读有吸引力。

怎样才能让阅读更有吸引力呢？陪孩子完成 1 年读 100 本书的阅读之旅，要善用激励法，让有效的正向激励推动孩子往前走。

说到激励，我们先来看看下面的故事。

有一群小孩，在一位老人家门前玩耍，老人很难忍受孩子们的吵闹声。于是，他想了一个办法。他对孩子说："我给你们每人 25 美分，因为你们在这里玩耍，让我这里变得很热闹，我觉得特别开心，这点钱呀，表示我的一点谢意。"

孩子们都特别高兴，第二天仍然过来玩耍。这时候，老人家再出来，给他们每人 15 美分，他说："我呀，现在没有工作，没有收入，只能少给你一点。15 美分还算可以吧。"这些孩子们非常开心地收好了钱。

第三天，孩子照旧过来，老人家也照旧给他们钱，但这一次只发了 5 美分。孩子们看到钱少了这么多，都生气了，说："一天才 5 美分，太少了吧，你不知道，我们在这里玩很辛苦的，我们以后再也不来了。"

在这个故事中，老人把孩子们的内部动机"为快乐而玩"巧妙地转变成了外部动机"为钱而玩"。当孩子们发现，自己去玩是为了赚钱，但是钱却莫名越来越少的时候，孩子们就不乐意了。

也就是说，激励分两种：一种是内在激励，一种是外在激励。要激发出孩子的坚持力，其根本就是激发出孩子的内在动力。一次又一次完美完成一件事，本身就会转化为行动的动力。

所以，要真正激发出孩子的内在阅读动力，就是要陪孩子不断地体验阅读的满足感和成就感。

可能有些家长会想，什么内在激励、外在激励呀，你直接告诉我们怎么做不就行了吗？为什么要把这个单独做一个说明呢？

因为很多家长都告诉我："老师说的那个积分呀，我们家孩子一点都不在乎。"跟孩子说，集够 50 积分换一个肯德基，他根本就无动于衷，反正平常想吃什么就买什么，想玩什么就买什么。

用积分来鼓励孩子，确实有点难度。的确现在稍微大一点的孩子，一般的物质激励对他们都没什么诱惑力。现在的孩子从小就没啥缺的，要从物质上来激励孩子，这注定是一条走不通的死胡同。

那具体要怎么做呢？我们可以分两种情况来看。

第一种情况，孩子比较小，还比较依赖家长，我们建议用积分来激励孩子。年龄比较小的孩子，还没有被"物质化"，他们的内心比较依赖父母，愿意听父母的话，也期待这些小礼物带来的惊喜。

豆豆阅读积分统计表

序号	书名	阅读总用时	复述积分	读后感积分	总积分

家长可以根据孩子的总积分设置奖励。比如：积分 500 分，陪孩子去海边游玩一次；积分 1 000 分，陪孩子去迪士尼游玩一次（记住：积分设置，最好是外出游玩或者是帮助孩子实现一些愿望）。

这些小孩子，刚开始是因为对奖励的期待而坚持阅读。慢慢地随着年龄的增长，他们可能对奖励不再会有期待。但是经过这么长时间的阅读坚持，孩子们的阅读习惯已经养成。外部动力在不知不觉中变成了内部动力——真正的阅读成就感。这是一种非常完美的状态，也是我们父母所期望看到的。

第二种情况，是孩子年龄稍微大一些，根本不在乎积分，我们就需要从心理入手。那就是陪孩子不断地体验阅读的满足感和成就感。

关注孩子心理，让阅读愉悦身心

✦ 保持愉悦的阅读体验，激发孩子更大的阅读兴致

有句话说："井无压力不出油，人无压力轻飘飘。"还有一句话说："没有压力，就没有动力。"无论是在学习中还是在工作中，如果说我们毫无压力、毫无目标，我们就不会努力向前。但是，在孩子阅读这件事上，我发现，这两句话有点不适用。相反，如果我们希望孩子可以坚持阅读，还真的不能给孩子压力，要让孩子在舒服的状态中体会阅读的乐趣。

我曾经布置了两种完全不同风格的阅读馆。一种是教室模式的，白白的墙壁，整整齐齐的桌椅，一台播放 PPT 文件资料的投影仪。而另一种是很温馨的阅读馆，地板上铺着软软的地垫，窗台上摆放着绿植，墙壁上装饰着墙体书柜，里面摆放了很多书，孩子们可以随手拿到他们喜欢的书。

每次开馆的时候，我发现，孩子们都会不由自主地往阅读馆里跑，他们有的盘腿坐在地垫上，有的安静地坐在榻榻米上，有的坐在绿植下的小凳上，神情是如此放松、自在。而反观那些在

教室的孩子们，他们却是一会儿不自在地扭扭屁股，一会儿偷偷地瞄一下外面的玻璃，他们的专注力明显没有在阅读馆的同学集中。

很多毕业了的孩子回来，还是喜欢待在阅读馆，他们觉得，这是他们的"心灵之家"。他们说，每次来这里阅读，心就特别安静、舒服，看书的效率也高很多。

当然，我们这里说的舒适的状态下阅读，不单单是说外在的阅读环境，还包括内在的精神鼓励。

卡耐基在《人性的弱点》一书中说："我们每个人都是天性渴望被尊重、被认可、被鼓励。"孩子也一样。他们需要被看见、被认可、被信任。我发现，太多孩子因为被怀疑、被否定、被攻击，而越来越远离阅读。

我曾经有两个不同的学员，虽然，他们在阅读馆的阅读效果差不多，但是，过几周再看，他们的情况却有很大的不同。

三年级的豆豆和乐乐，是同一期读书会的同学。他们在读书会上，表现都特别积极，而且阅读也很专注，老师都特别喜欢他们。读书会结束后，老师帮他们各挑了 5 本书要他们带回家看，一周内把这些书读完。

一周后，两孩子一起来换书。豆豆很开心地跟老师分享，他把书都看完了，爸爸妈妈都表扬了他。可是，轮到乐乐分享的时候，乐乐却一脸的不开心，他说还没看完这些书。话还没说完，乐乐的眼睛就红了。为了稳住乐乐的情绪，老师们没有要乐乐继续分享。老师单独和乐乐聊天，问乐乐怎么了。乐乐很委屈地说，在家看书的时候，妈妈总是不停地问这问那，特别喜欢在他边上不停地唠叨，妈妈越唠叨，他越看不进去，妈妈就生气地指责他。我们了解了乐乐的情况后，尝试着跟乐乐妈妈聊了几次，后来，乐乐妈妈意识到自己对孩子的干扰，慢慢地做出了调整和改变。

阅读的舒服状态，即舒适的外在环境和舒适的内在精神鼓励。帮助孩子找到舒服的阅读状态，强化阅读的乐趣，是帮助孩子们突破阅读心理壁垒的一个很重要的细节。

✦ 保持愉悦的阅读体验，让阅读成为一种习惯

习惯培养是一个长期的反复训练的过程，所以，不要寄希望于用两三天的时间就可以培养出孩子的阅读习惯。这是一个错误的认知。

·让阅读看得见。养成为孩子登记阅读书籍的习惯，让孩子的每个阅读行为都可以被看见。

·让阅读有吸引力。学会用正向的激励法，一步步地引导孩子往前走。

·让阅读简单易行。带孩子沉浸式自由自主阅读，让阅读回归阅读，简单易行。

·让阅读愉悦身心。关注孩子的阅读心理，让孩子在愉悦的心理状态下，爱上阅读，并坚持阅读。

根据阅读四大定律，用 1 年的时间耐心陪伴孩子读完 100 本书。只要你用心落实这些方法，无论是孩子的阅读习惯，还是阅读量，都会得到质的飞跃。

在阅读这件事情上，没有任何捷径，只有脚踏实地、坚定地向前，只有一本书一本书地去读，才能提升阅读能力。其实，何止是阅读这件事呢？世间哪件事不需要脚踏实地地往前走？就像钱学森所说的："不要失去信心，只要坚持不懈，就终会有成果的。"

第 七 章

阅读理解力：让孩子轻松读透
一本书

学习知识要善于思考，思考，再思考，我就是
靠这个方法成为科学家的。

——爱因斯坦

孩子读了这么多的书，他都理解了吗？

孩子读书读得这么快，他都读懂了吗？

这是很多父母都喜欢问的问题。

这一章我们就告诉你如何判断孩子是否读懂了一本书，以及孩子怎么才能读懂一本书。不过，要特别说明一点，这里的阅读理解力，针对的是整本书，不是单篇阅读。

这一章要分享的方法，可以帮助孩子更好把握和理解一本书的内容。而且，这些方法，都是在实践中被证实的有效方法。只要父母按照这个方法来做，孩子对整本书的把握和理解一定会有所提升！

阅读理解力，让孩子轻松读透一本书

上一章，我们一起学习了如何用读 100 本书的方式来帮助孩子巩固学到的阅读方法，积累阅读量，突破阅读瓶颈，构建阅读习惯。

我相信，很多父母都想尝试这个方法。但是，可能还是会有疑问，那就是：孩子读了这么多的书，他都理解了吗？他都读懂了吗？

这一章就来说一说怎么引导孩子读懂、读透一本书。

✦ **阅读的完整闭环：阅读输入—阅读思考—阅读输出**

要知道孩子是否读懂了一本书，我们先要知道一个重要的概念，就是"阅读的完整闭环"。

阅读的完整闭环，包括阅读输入、阅读思考、阅读输出。阅读输入就是指一本书一本书地阅读。本书的第二章到第六章，就是帮助孩子解决阅读输入的问题，比如阅读专注力、感官图像记忆力、快速阅读能力等。阅读思考就是在阅读的过程中伴随着主动的思考、理解。阅读输出就是阅读内化之后的各种呈现。对于孩子来说，比较直观的是语文考试成绩的提升、口头表达能力的提升，还有写作能力、个人综合素养、人文素养等的提升。我们父母们最担心的写作问题，就是阅读输出阶段。

这三者有什么关系吗？阅读输入是前提，阅读思考是本质，阅读输出是目的。没有输入，就没有输出；没有深度的思考，就没有完美的输出。

所以，我们必须认清楚一个事实：输入是基础，是奠基石，输入决定了后面的输出；没有输入就没有后面的输出。如果一个孩子没有输入，是很难有输出的。没有思考，同样，也不会有很好的输出。这就是为什么我们在前面的文章中，花了那么多的笔墨强调输入，强调大量的阅读输入。

因此，要提高孩子的阅读理解力，让孩子轻松读透一本书的前提是，加大阅读输入量。孩子的阅读量，在一定程度上决定着孩子的阅读思考力。

◆ 读透一本书的大前提：孩子的"心理辞典"宽度

"心理辞典"，你是不是第一次听到这个词？

假如我们在工作中，遇到一个不太懂的新名词的时候，我们的习惯性动作是什么？是不是打开电脑进行电脑检索？同样的道理，当孩子在阅读过程中，遇到不懂的地方，本能上也是去检索，只是不是打开电脑检索页面，而是从自己的大脑储存库中检索，这种检索系统就称为"心理辞典"系统。

电脑检索系统中的资料库，是靠程序代码不断输入进去的。而我们大脑的检索系统的资料库，则是靠阅读不断输入进去的。所以，如果想增强理解力，前提就是持续不断地往"心理辞典"系统中输入新的词汇，以备在后面的运用中快速提取。

读到这里，你会不会奇怪，不是说要引导孩子读透一本书吗？这里的阅读闭环，或者是"心理辞典"，好像跟理解力没有直接的关系啊？不，并非你想的那样。

很多孩子的阅读道路坑坑洼洼、曲折不平，其根本原因就是阅读引导上的错误，家长没有意识到阅读输入的重要性。我们习惯用成人的阅读视角对待孩子的阅读。比如，对于一个根本就还没看过几本书，甚至是阅读兴趣都没有建立起来的孩子，换句话说，一个还处于一个零基础的、满脑袋空白的孩子，家长常会提出这样的要求：看完一本书，必须写一篇读后感；或者强行逼迫孩子读老师指定的必读书，并要求孩子做出阅读理解题目……我觉得，对于孩子而言，这些行为简直就是一种暴力行为。孩子没有阅读储备，没有生活经历，没有生命体验，这时候，孩子的阅读感想、阅读思考力都是很匮乏的，这是一个客观的事实，并不是因为孩子不努力而导致的。

对于还没有任何阅读量积累的孩子来说，我们必须先要确保孩子的基础阅读量，然后在其基础上才能谈阅读理解、写作输出等要求。为什么这样说呢？

我喜欢用牛吃草来做比喻。牛吃草并不是吃一口消化一口，而是先大量吃草，然后有一个"牛反刍"的过程，就是草进胃之后，再慢慢地把食物从胃里返回到嘴里咀嚼。不知道这个比喻是否恰当，但是，我想强调的是前期的大量阅读输入非常重要。

没有阅读输入，一味地强调孩子的思考力、写作力，这就是在阅读上的本末倒置。而且，在工作中，我发现，这个可能是导致孩子产生发展性阅读困难的一个很重要的因素。

所以，假如父母发现，已经读小学高年级的孩子，出现阅读理解力的问题，这时候，不要只片面地去寻找提高理解力的方法，而应该反观孩子的基础阅读量有没有达标。

如果是没有基础阅读的孩子，建议给予孩子一段"自由阅读"的时间，也就是"还债"，"补欠下的阅读的账"，只有把这些"欠的债"补回来了，把"心理辞典"的内容填充起来，孩子的阅读理解力、内容输出能力，才会慢慢地提高。最怕的是，家长不根据实际情况来循序渐进地帮助孩子。有些家长认为，我孩子都六年级了，还去补基础阅读，读一些简单的读物，这不是浪费孩子的时间吗？

其实，正是因为孩子浪费了将近六年的小学时光，现在赶紧带孩子从基础开始补起来，或许还有机会让孩子破茧而出。要不然，孩子欠下的阅读的账，就像滚雪球一样越滚越大。

✦ 运用四种实用方法，引导孩子读透一本书

说完了大量阅读对孩子理解力的重要性之后，我们继续来说怎么帮助孩子读透一本书，提高孩子对一本书的整体的把握和理解。

我们常用的方法有互动式阅读法、高效提问法、费曼读书法、五指阅读法。

互动式阅读法的重点是：检测孩子是否是在真阅读，避免孩子陷入"假阅读"模式。

高效提问法的重点是：通过提问，促使孩子深度思考，养成边阅读边思考的阅读习惯。

费曼读书法的重点是：通过用自己的语言复述阅读的内容，加深对书本内容的理解。

五指阅读法的重点是：通过深度思考启发孩子的逻辑思维、辩证思维、因果逻辑思维等。

第 二 节

互动式阅读法，避免孩子走入"假阅读"模式

✦ 警惕孩子走入"假阅读"模式

在亲子共读会上，经常有家长跟我这样反馈：

"我家孩子看书看得很快，但就是不知道她到底看懂了多少。"

"我家孩子也看书，但考试的时候，成绩不怎么样，这是怎么回事呢？"

有这样困惑的家长很多，大家都感觉孩子有阅读，但是又觉得没什么效果，而自己又不知道问题到底出现在哪里。如果是这种情况，我们就要警惕孩子是不是走入了"假阅读"的模式。

什么是"假阅读"？"假阅读"指的是阅读的时候，没有经过大脑思考，只是眼睛在随性地扫书本上的文字，合上书本，什么也没有留下，也就是白读了一通，简单来说，不思考的阅读就是"假阅读"。

"假阅读"，对孩子来说是一个特别大的危害，也是一种不太容易被发现的"陷阱"。如果孩子陷入"假阅读"的模式，一方面白白浪费了孩子的大好时间；另一方面，时间长了，也打击孩子的积极性，容易导致孩子产生"不自信"的心理。

是什么原因导致孩子出现"假阅读"的呢？

通过多年的个案分析和经验总结，我发现，大体上有下面两种原因。

第一种原因：孩子没有掌握正确的阅读方法。阅读不得法，导致孩子抓不住重点，也不知道自己到底读懂了没有。孩子自己很努力，但就是没有效果。

这样的孩子特别多，但对于孩子而言，他不认为自己是"假阅读"，因为他没有对比体验，不知道正确的阅读方法到底是什么。而家长因为对阅读方法的了解不够，也不太容易发现，并不知道问题到底出现在哪里，只是觉得很困惑，孩子明明每天都坚持阅读了，但就是没有效果。

四年级的莉莉就是这样的典型案例。

莉莉是一个特别认真和乖巧的小女孩，她每天做完作业，都会自己看一会儿书，但语文成绩总是提不上来。语文老师给的建议就是要孩子多阅读，但莉莉她也阅读了呀，问题到底出现在哪里？

在对莉莉进行系统的阅读能力检测的时候，我们发现莉莉阅读的时候，根本就没有真正理解书中的内容。她习惯一个字一个字地默读，一本书要读一两个月才能读完，读完之后，书里的内容也忘得差不多了。

在我们绘本馆，几乎每天都有像莉莉这样的"假阅读"者来咨询，他们都是因为没有掌握正确的读透一本书的方法。

第二种原因：孩子阅读时心理压力过大。最近几年，随着新统编版教材的全面推行，很多家长都意识到阅读的重要性，开始有意识培养孩子的阅读能力。有些家长只是一味地给孩子压力，要求孩子必须每天看完一本书，并不顾及孩子的实际阅读能力。久而久之，孩子就会把阅读当成负担，因为不敢反抗家长的安排，就每天磨磨蹭蹭地待在书房，一边看书一边打发时间，慢慢地走入"假阅读"的模式。

我的一个学员小海就曾跟我说："老师，我觉得阅读很简单，反正我只要拿着一本书，乖乖地坐在那里就好了。我爸爸妈妈也不会问我问题，我读了没读，他们根本不知道，真是太好骗啦。"童言无忌，但这也从侧面反映出一部分孩子的真实的心声。如果一个孩子没有掌握正确的阅读方法，却一直在高压管控之下，他们就容易以一种消极怠慢的方式来对待。而这种消极怠慢的方式还很隐秘，一般家长可能都没有看出来，反而会很开心地想："你看，这孩子多乖，每天都可以按照计划阅读。"

总结来说，就是阅读方法不正确和心理压力过大导致孩子陷入了"假阅读"的模式。

◆ 互动式阅读法避免孩子"假阅读"

那么，怎样避免孩子陷入"假阅读"的模式？方法特别简单，就是坚持践行互动式阅读法。

如果孩子在阅读之后，缺乏互动和监督，就容易造成"假阅读"的模式。如果家长能够在孩子每次阅读完一本书之后，多做一点功课，就会及时发现孩子"假阅读"，并正确引导和纠正。

多做哪一步呢？就是在孩子阅读完一本书之后，跟孩子互动十分钟，探讨一下书中的内容。这就是我们所说的互动式阅读法。

你可能会说，孩子要读的书那么多，我也没时间读那么多书啊，我怎么做到跟孩子有效互动呢？

别慌，我分享一则"黄金问题清单"。不管孩子读的是哪一本书，你都可以照着这则"黄金问题清单"跟孩子互动。我们跟孩子的互动，主要是帮孩子养成一种正确的阅读习惯，而不是彰显自己。所以，我们的问题并不需要太深奥。当然，如果孩子读的书刚好是我们以前读过的书，我们也可以根据自己的体验去跟孩子互动。

黄金问题清单

1. 这本书的作者是谁？

2. 这本书的主要人物是谁？

3. 这本书主要讲了什么？

4. 你读完这本书之后有什么感悟、体会？

5. 你最欣赏这本书里的哪个人？

6. 你最讨厌书中的哪个人？

7. 你从这本书里学到了什么？

家长一定要记住：我们提问的目的不是为难孩子，而是陪伴孩子，与孩子互动讨论。这时候要试着跟孩子交朋友，就像两个

老朋友看完同一本书，互相聊聊这本书的内容。

为什么要强调这一点呢？

我曾经就作为一名中间"调解员"，给我的一个学员和她的爸爸之间做了一次深度的调解。这个孩子的爸爸是个特别严厉的人，每次跟孩子互动提问的时候，都以一种挑剔的心态展开，只要孩子答不上来，他就批评孩子，次数多了，孩子就不干啦。

那天，孩子跑到办公室跟我说，"老师，要是爸爸还这样，我以后就不看书了。"紧随她后面的爸爸说："我不就是多问你几句吗？"孩子说："你那是多问吗？你就是在挑刺，就是想等着看我的笑话。""我没有这个想法，是你自己想多啦。你没记住的，多问几次不就可以吗？"爸爸回答。"老师，你看，还说我冤枉他，他每次就是这样，想等着看我答不上来的笑话。"孩子不服气地说。父女俩吵了一通，最后，爸爸意识到自己的这种心理可能对孩子带来的影响，主动承认了错误，并保证以后再也不这样了。

试着跟孩子交朋友，抛开功利心，以朋友的口吻跟孩子互动提问，这是互动式阅读法有效展开的最主要的一个因素。

互动式亲子阅读检测小练习

1. 今天孩子阅读了吗？

2. 孩子阅读完之后，你跟孩子互动了吗？

3. 孩子回答不上来的问题，你有批评孩子吗？

4. 互动讨论之后，表扬孩子了吗？

高效提问法，让孩子能完整复述整本书的内容

✦ 为什么孩子阅读完不敢复述？

当我们确认了孩子并不在"假阅读"之后，我们就来看另一个更深一点的问题：怎么判断孩子是否真的读懂了一本书？答案是复述。但是，很多父母会说："孩子读完一本书，我要他复述，他不知道怎么复述，那该怎么办呢？"

当孩子读完一本书的时候，如果不加以引导，孩子是很难自己摸索出复述的方法的。从理论上来说，对于一个接受感官图像记忆力训练的孩子来说，阅读完一本书之后，是完全可以复述该书的内容的。但为什么还是有孩子复述不出来呢？这和孩子的性格、表达能力等有关系。因为，复述不但考验孩子的即时理解力，还考验孩子开口表达的胆量。

为了帮助孩子勇敢登台复述，我们会对孩子进行系统训练。一般的孩子接受训练之后，都能做到轻松复述一本书。

小芸第一次来阅读馆的时候，妈妈说小芸阅读速度

挺快的，也爱读书，就是复述不出来。

为什么一个爱读书的孩子不能复述呢？我们对小芸做了一个测试，我们随意拿了一本书给小芸，测试小芸的速度和理解力都没问题。这说明，小芸的基础阅读能力不错，并不是"假阅读"。小芸复述不出来，是因为性格原因，不敢开口，不敢表达。

为了帮助小芸在心理上突破，我们一开始安排小芸在一个单独的房间，一位老师带着小芸一个人复述。等到小芸慢慢习惯了在一位老师面前复述后，再慢慢地引导她到大的阅览室尝试着复述。

后来在读书会的孩子的鼓励下，小芸终于迈出了第一步，开始登台复述。虽然，第一次复述的时候，结结巴巴，但是没有一个同学取笑她，反而是不断地鼓掌鼓励她。

小芸得到了鼓励，胆子越来越大，人也越来越自信。

有的孩子在刚开始复述的时候，不知道怎么组织语言，复述的时候支支吾吾，前言不搭后语，家长就会觉得孩子太差劲了。千万不要这样想！换位思考，假如要你现在看完一本书，马上就来跟大家复述，你有几成把握能把书的内容完整复述出来？

我曾经在亲子读书会上做过尝试，很多父母都不敢接受这个挑战。当我们要孩子阅读的时候，我们做父母的是否已经养成了阅读的习惯？是否可以一年看几十本书，甚至几百本书？

所以，千万不要带着挑刺的放大镜来批判孩子，而要有耐心陪孩子一起进步。

◆ **高效提问清单**

当孩子刚开始复述，还不适应这种节奏的时候，我们怎样帮助孩子打开话匣子呢？我们可以尝试用高效提问清单锻炼孩子。

如果今天孩子刚好看完了一本书，不妨，和孩子一起来练习一下吧。

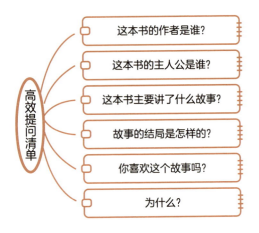

高效提问清单，能够帮助孩子建立起复述思维。时间久了，孩子的阅读思考思维也就形成了。

虽然表面看起来是要孩子复述一本书的内容，但其实是在对孩子进行思维训练。坚持训练一段时间，孩子的话匣子就会慢慢地打开，复述也会越来越流利。

费曼读书法，每个孩子都需要知道的最佳阅读方法

✦ **费曼读书法，每个孩子都需要知道的阅读方法**

你有没有发现，在上面的内容中，有一个词在反复重复着？对，就是"复述"。为什么要强调复述呢？

> 很久以前，有一个年轻的父亲，他特别喜欢陪孩子阅读。
>
> 有一次，这位父亲拿了一本《大英百科全书》读给孩子听。当他读完"恐龙的身高有 25 英尺，头有 6 英尺宽"后，停了下来，说："噢，让我们想一下这是什么意思。"
>
> "要是这么高的恐龙这时候站在我们的院子里，它的脑袋可能会够得着我们的窗户吧。但它的头那么宽，比窗户还宽，所以，应该伸不进窗户里面来的。"

这位父亲，在陪孩子阅读的过程，总喜欢和孩子讨论书上的内容，并且用自己的语言把书上的内容"翻译"一遍。

读到这里，你猜出这孩子是谁了吗？对，他就是著名的诺贝尔奖获得者物理学家费曼，也是费曼读书法的创始人。简单来说，费曼读书法就是在学习新知识的时候，尝试运用自己的语言，用最简单的话把所学的知识讲清楚。其实，费曼读书法就是复述。

听完一场报告，为了确保你掌握了精髓，你可以用自己的语言讲给别人听。你讲得越通透，说明你理解得越透彻。看完一本书，为了检验你阅读的深度，你也可以用自己的语言把书中的内容讲给别人听。你讲得越精彩，说明你读得越深入。所以，如果你想检测孩子读书读得是否仔细，同样可以用复述的方法来检验孩子的阅读效果。

✦ 阅读—复述，快速提高孩子的阅读理解力

我是怎么发现阅读—复述的方式可以快速提高孩子的阅读理解力的呢？

它是我长期工作实践的提炼。

我们有两组不同阅读模式的孩子。

第一组的孩子在完成感官图像记忆力、快速阅读训练之后，返回到传统的阅读模式，就是单纯做阅读理解题目。在这个过程中，我们观察到，有部分孩子不太喜欢刷题，显得很不耐烦。这种状态持续一段时间之后，孩子的阅读自信心不但没有得到更好地激发，反而被打压了。

第二组的孩子在完成核心阅读课程之后，就来到我们的阅读馆，开启沉浸式阅读模式，一本书一本书地读，我们不要求孩子

做习题，只是在读完一本书之后能够复述。每次来到阅读馆，他们都会自己按照书单挑书阅读—复述。这组孩子的阅读效果非常好，不但阅读兴趣被激发，阅读自信心也越来越强。

> 曾经有一个三年级的孩子，阅读理解很糟糕，语文的整体成绩也非常不理想。
>
> 后来，孩子的妈妈选择把孩子送到阅读馆，接受了沉浸式阅读训练。经过一段时间的训练后，有次语文考试，孩子的成绩居然是 85 分，而且作文只扣了 3 分。孩子的妈妈不相信地问孩子："是真的吗？"
>
> 孩子说："是真的呀，我没骗你，不信你看。"孩子从书包里把试卷拿出来，妈妈看着试卷，开心地问他："这次怎么考得这么好呀？"孩子说："这试卷不难，作文也不难。"妈妈说："那你以前怎么作文总是不动笔写呢？"孩子大声地说了一句："嘿，妈妈，我读了 30 多本书，讲了 30 多本书，写作文的时候，我随便想起几个我讲的故事，就能写啦。"

不断阅读—复述，孩子的语言组织能力、理解能力会在不知不觉中获得极大提升。

如何从"只言片语"到"收放自如"？孩子复述经历的三个阶段

既然复述这么重要，我们该怎么陪伴孩子做好复述呢？

这需要一个过程。一般来说，孩子的复述会经历三个阶段。如果你可以陪孩子走过这三个阶段，孩子的复述能力就会更上一层楼。

✦ 孩子复述经历的三个阶段

（1）只言片语，不敢复述。

刚开始复述的时候，大部分的孩子都会出现这种情况。有的是因为性格内向，不敢开口。有的是因为阅读技能掌握不够娴熟，不知道怎么组织语言去复述。

对处于这个阶段的孩子，我们一定要给予百分之百的相信和鼓励。

我们要从内心深处绝对相信：只要按照正确的方法训练，孩子一定可以成为阅读高手。

（2）滔滔不绝，自信满满。

经历过刚开始的只言片语的阶段，一般情况下，在进行十几次的训练之后，很多孩子基本过渡到了第二阶段——滔滔不绝，自信满满。

这个阶段的孩子，不管是阅读技能的掌握还是自信心都得到了很好的锻炼，在复述的时候，往往滔滔不绝。

> 曾经有个五年级的孩子，刚开始的时候，根本不敢上台复述，经过十几次训练之后，他每次都要第一个上台复述，而且讲个不停，老师不喊停，他可以一直讲下去。

（3）收放自如，逻辑自洽。

处在第二阶段的孩子，复述偏故事化，他们可以把书中的故事描述得特别具体。但是这个阶段的孩子，在逻辑上不是特别严谨。

因此我们要给孩子做一些逻辑自洽的复述训练。

整个复述的三阶段是根据孩子的心理发展路径来设计的。如果我们不让孩子滔滔不绝、自信满满地自如表达，孩子会感觉比较闷。如果一开始，就跟他们说"来，请坐好，接下来，我们来看这整本书的前因后果"，估计很多孩子都会趴在桌子上睡着。所以，一开始一定要激发孩子的内在兴趣和自信。

当孩子发现，他阅读完一本书之后，居然可以滔滔不绝地讲那么多的内容，都忍不住给自己一个大大的赞。只有孩子找到了这种源自内心深处的自信之后，我们再给孩子进行逻辑上、理论上、实操上的训练，孩子才会很开心地接受。

如何引导孩子复述的时候，做到条理清晰、逻辑自洽？

先训练孩子 5 分钟限时复述。就是在复述的时候，先让孩子事先组织一下语言，然后在 5 分钟内把书中的内容复述出来。怎样可以在 5 分钟之内把书中的主要内容复述出来呢？这里推荐一个"语言组织 7 问法"。

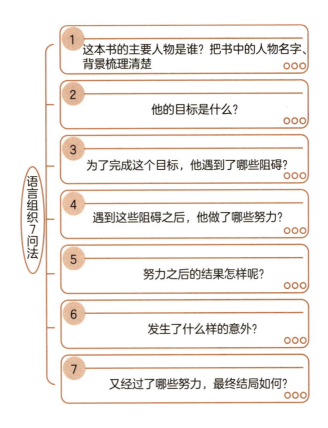

语言组织 7 问法

1　这本书的主要人物是谁？把书中的人物名字、背景梳理清楚

2　他的目标是什么？

3　为了完成这个目标，他遇到了哪些阻碍？

4　遇到这些阻碍之后，他做了哪些努力？

5　努力之后的结果怎样呢？

6　发生了什么样的意外？

7　又经过了哪些努力，最终结局如何？

当孩子可以驾驭 5 分钟复述主要内容之后，我们就可以开始训练孩子 1 分钟限时复述。我们都知道罗振宇老师的 1 分钟逻辑思维，这些都是可以通过刻意练习实现的。

如果我们想要在 1 分钟之内把一本书的大概内容复述出来，我们可以按照这个思路来训练——谁 / 什么时候，在什么地方 / 做了一件什么样的事情 / 结果如何。

经过这样训练的孩子，在阅读完一本书之后，他就可以收放自如地复述了。孩子既可以滔滔不绝地从头到尾讲一遍，也可以根据书中的逻辑关系，用简单的语言把书中的概要复述出来。

✦ 父母的欣赏式倾听，是孩子完成复述挑战的心灵港湾

陪伴是最好的教育，倾听是最好的沟通。这句话放到这里真的是最适合不过了。

在孩子复述的过程中，家长的倾听很重要，否则会把原本快乐的复述之旅，演变成亲子关系的冲突导火索。

在孩子复述的过程中，不要和孩子讨论什么是对的，什么是错的。父母只是一个安静的倾听者，引导孩子把他心中的所思所想畅快淋漓地说出来就好，不问对错，不去评判。这样坚持一段时间，我们再来看孩子的变化就好。

不会倾听的父母大有人在。我们经常会听到孩子的吐槽："我爸爸妈妈根本就没空管我阅读。""哦，我看书了呀，但是没有复述。每次复述的时候，我爸爸妈妈就喜欢插嘴，不断地指责我，说这也不行，那也不行，我不想跟爸爸妈妈复述了。"如果这样的情况没有得到改善，久而久之，孩子就会失去复述的兴致。孩子好不容易形成的阅读习惯，在家长无数次的谴责和推托下，渐渐地就会丢掉。

欣赏式倾听，是提升孩子阅读自信心的最好方法。

曾经有个三年级的孩子，特别不爱阅读，妈妈只能带他来阅读馆。经过诊断以后，我们发现孩子的阅读理解力不行，于是我们建议妈妈陪孩子复述。同时要求，不管孩子复述得怎么样，都要跟孩子说："你真棒，你记得真牢固。"

　　一般刚开始学习复述的时候，孩子并不能完全记住要复述的内容，但是他一定会记住家长在他复述之后的表情。如果孩子得到了鼓舞，就会认真地看书，更愿意复述。

　　一般在孩子复述完 20 本书后，我们会建议家长根据孩子的实际情况来做点评。比方说"今天复述得很不错啊，要好好表扬。但是你现在读的书越来越厚了，内容越来越多了，可以加强一下对过程的复述，还可以融入一点个人理解。"

　　这时候，因为孩子已经被表扬了很多次了，内心的自信也已经建立。孩子的内心是快乐的。我们根据孩子的实际情况给一些适当点评，孩子是可以接受的。同时，他还会认为，父母很厉害。

　　孩子复述的时候，家长要注意以下几个点。

　　（1）千万不要插嘴。不要觉得孩子站姿不行，要提醒一下，孩子的发音有点问题，要提醒一下，等等。记住，一定要收拾住自己的评判心理，安静地欣赏就好。

　　（2）请放下你的手机，切记！之前有个小朋友来咨询室聊天，他说，他最讨他爸爸妈妈。我问他为什么，他说："他们眼里根本就没有我。"我说："你怎么这么说你的爸爸妈妈呢？"孩子说："我每次找他们背书，他们总是敷衍我，就知道盯着他们的手机看。他们的心里根本就没有我，只有手机。"这是一个 7 岁的小男孩跟我说的话。这个小孩的话确实反映了一些父母无意识带给孩子的伤害。手机并没你家孩子重要，请放下手机。

（3）给予正面的激励。"被看见""被鼓励"是每个人内心的潜在需求，这一需求如果在孩童时期没有得到满足，很可能往后余生都是在寻找"被看见"的路上。所以，在孩子复述的时候，千万不要吝啬你的微笑，不要吝啬你赞美的语言，好好鼓励孩子，好好表扬孩子，可能你的一句话，就会成为孩子一辈子的力量源泉。

如果你做到了上面的这些注意事项，一般情况下，孩子都可以完整地复述一本书。

五指阅读法，提升孩子阅读理解力

前面我们介绍了通过复述来提升对整本书的理解，接下来，我们来分享五指阅读法——提升阅读理解力的方法。

在咨询中，我经常听到家长抱怨："我家孩子，理解力太差了，做阅读理解题的时候，总是容易失分，怎么办？"

在工作中，我发现有些孩子，能够看很多书，看书的速度也快，也能够完整地复述书中的内容，这说明他们的基础阅读能力是可以的。但是，当我们要他做阅读理解题目的时候，他们就是不愿意动笔，可如果我们陪着，他们是可以做对的。这种情况说明，这些孩子阅读理解失分的原因，不是因为能力问题，而是态度问题。当然，也有很多孩子，确实是因为理解不到位，属于能力问题。

为了帮助孩子提升阅读理解力，我们在阅读训练营让孩子们练习了"五指阅读法"，很多孩子通过这个方法，阅读理解力得到了很大的提升。

端正思考的态度

一句话概括主要内容

提炼主要信息，学习解决问题的方法

建立内在联系，拓展思路

因果逻辑分析

接下来，我们一项一项来拆解分析。

✦ 端正思考的态度

为什么要把"思考的态度"这个特别说出来呢？英国作家爱德华·德博诺在《教你的孩子如何思考》这本书中指出："态度影响着我们的整个思考。"孩子思考的态度很重要。有些孩子，从小就习惯避重就轻，不喜欢思考，典型的拿来主义者。就像很多父母说的："我家孩子，只要他开始做作业，就一脸的不开心，好像虐待他一样，但是只要说出去玩，他整个人就生龙活虎了。"其实，有这样表现的孩子，其本质就是一开始没有培养好爱学习、爱思考的习惯。

大部分孩子不爱思考，都是因为两种心理：一种是畏难情绪，一想到问题，就头大、头痛；一种是轻视情绪，这些都简直太容易了，不用思考，凭感觉写就对了。这样的思考态度，必定会影响到孩子的行为习惯。那么，好的思考态度是怎样的呢？正确客观地思考。为了帮助孩子们树立正确的思考态度，我们可以用下面的"肯定语"来正向鼓励孩子。

（1）我们每个人都是思考者，我也是一个思考者。

（2）思考是需要付出努力的，我喜欢思考。

（3）每次只做一个步骤，分步骤逐项思考。

✦ 一句话概括主要内容

在贺静老师写的《"三读法"小学语文阅读得高分》这本书中，提到很多阅读理解的方法，其中她提到概括文章内容的几个公式，非常实用，在此分享给家长。如果大家想更进一步了解各种不同方法，也可以买来阅读。

根据文体的不同，概括文章内容有以下几个公式。

（1）写事的文章。一句话概括文章内容：谁 + 干了什么（事情的起因、经过）+ 结果怎样。

（2）写人的文章。一句话概括文章内容：通过叙述谁的什么事例 + 体现了谁什么样的品质（或者性格）。

（3）写景文章。一句话概括文章内容：通过描写某景物的那些特点 + 表达了什么感情（思想）。

（4）状物文章。一句话概括文章内容：通过介绍某物哪些特点 + 说明（体现）了什么（品质）。

在阅读过程中，不断地进行这样的训练，慢慢地就会掌握文章的主旨大意。

✦ 提炼主要信息，学会解决问题的方法

读完一本书之后，要能抓住书中的主要信息，并且能够从书中找到恰当的细节支持。

一本书，会有主要信息、次要信息，要学会提炼主要信息，学会抓主要信息背后的细节。孩子读完一本书之后，可以试着填写信息清单表、问题解决清单表。

信息清单表

书中的主要信息是什么（观点）	细节是什么（具体事件是什么）

问题解决清单表

书中的问题是什么	主人公是怎样解决问题的

只要按照上面的清单表做归类总结，时间长了，积累够了，孩子的理解力就会提高。

✦ 建立内在联系，拓展思维

每读完一本书之后，要让孩子把书中提炼出来的主要信息与外界建立联系。怎么联系呢？

（1）读完这本书，跟我有什么联系？

（2）这本书跟这个世界上的哪一个问题有联系？有什么样的联系？

（3）这本书跟另外一本书有什么联系？

也就是能从书本"走出来"，学会用书中的观点理解现实。

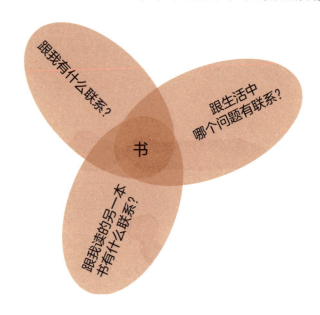

◆ **因果逻辑分析**

因果逻辑思维，是我们很多人缺乏的一种逻辑思维。很多时候，我们处理一件事情，总是喜欢想当然，而不是从事情的本身来分析、处理。从小对孩子进行因果逻辑关系的训练，对孩子的未来有很大的帮助。那么怎么训练因果逻辑思维呢？

读完一本书之后，可以问孩子以下几个问题。

（1）书中的主人公的结局是怎样的？

（2）为什么有这样的结局呢？

（3）如果他当时不这么做，结果会怎样？

要在阅读中提高孩子的思辨能力，让孩子阅读之后，能够言之有物地表达出感想、体会、感悟。

这些都是没有标准答案的训练，不管孩子回答得如何，都要多鼓励。

金洪源教授曾经提过一个观点："在孩子的成长过程中，要在恰当的阶段给予恰当的知识，否则这些知识很有可能会制约孩子的成长。"我对这句话深有感触，我经常跟家长朋友们分享，在孩子阅读成长过程中，要在恰当的阅读阶段给予恰当的阅读方法，否则，阅读方法的缺失会制约孩子阅读能力的发展。

洛克说："阅读只是给头脑提供认识的材料；思考才使我们阅读的东西成为我们自己的。"相信每个爱阅读、会阅读的孩子，都是一个会思考、善思考的孩子！

第 八 章

阅读输出力：让孩子会写作、能创作

写作是一条认识自己，认识真理的路，你只要喜欢写，应该随时动笔去写。

——罗兰

孩子不会写作文，怎么办？

孩子写出来的文章没有深度，怎么办？

学习完阅读理解力之后，终于来到了阅读输出力这一章了。这一章应该是父母最为关心的一个章节，为什么这么说呢？因为，写作就是阅读输出力的一种体现。

很多父母关心孩子的写作能力多于其阅读能力。假如你读懂了本章第一节的内容，这个错误的认知方式就会被纠正过来。

事实上，如果想要孩子的写作有进步，首要关心的是孩子的阅读能力。因为阅读是输入，写作是输出。输入是前提，写作是结果。输入是因，输出是果。如果要攻克孩子的输出问题，就必须回到输入这个源头。

这一章，我们就重点来说一说，如何提高孩子的阅读输出力，让孩子会写作、能创作。

孩子不会写作文，怎么办？

✦ 孩子不会写作文的原因

孩子不会写作文有很多原因，但归结起来，无外乎两种情况。

第一种是孩子根本就没有阅读习惯，没有阅读量的支撑，也就是肚子里没有货，动不了笔，就算自己愿意写，但苦于没有什么可以写的，导致孩子越来越排斥作文。

第二种是孩子有阅读习惯，也有一定的阅读量，但是孩子还是不喜欢写作。这种情况，属于肚子里有货，我们只需要使用一些方法引导孩子就可以了。

所以，当我们发现孩子不会写作文的时候，要先做一个自我诊断，看一看孩子不会写作文的真正原因到底是什么。

✦ 没有阅读量，不会写作文

如果是孩子没有阅读习惯，没有阅读量，这时候，父母最应该做的事情，就是带孩子阅读，阅读，再阅读。因为没有输入，就没有输出。阅读是输入，写作是输出，阅读是写作的一个基本前提，写作只是阅读的一个自然结果。

俗话说："巧妇难为无米之炊。"就算是再厉害的巧妇，如果家里没有米给她做饭，她也不能凭空煮出一锅香喷喷的米饭出来的。写作文也是这个道理。试想一下，一个从来就没读过几本书的孩子，我们要求他"妙笔生花"，写出一篇佳作出来，简直是天方夜谭。

> 曾经有一个妈妈带着孩子来工作室咨询，问我们是不是教孩子写作文，我告诉她，我们是阅读馆，是教孩子阅读的。我还告诉她，如果孩子有了海量阅读，写作就会是自然而然的事情了。可是，那位妈妈说："我不想孩子学阅读，我想要孩子学写作。"我问："您家孩子读书多吗？"她说："她根本不喜欢读书！她考试的时候，作文实在太差了，我就想要她提高作文。"

这是很典型的本末倒置。孩子不爱阅读，不会写作，但妈妈认为，阅读就是多读几本书，要孩子自己读就是了，但是写作不行，她要找指导写作的老师，专门针对写作来辅导。试问一下，"巧妇"要做"米饭"，能绕开"米"的问题吗？所以，如果想要孩子能有很好的写作能力，前提是孩子有很好的阅读能力。海量阅读，海量阅读，海量阅读，这是写作的前提条件。

每次看到这样的父母，我总是干着急，为孩子着急，为家长着急。当然，也有很多父母，刚开始的时候，是真的没有意识到这个逻辑关系，后来，经过多次的沟通了解，终于明白了海量阅读对孩子的重要性，也就不再追求片面的"写作技巧"这样的训练，而是踏踏实实地陪孩子一本书一本书地阅读。

要攻克孩子的输出问题，就必须回到阅读输入这个源头。至于如何帮孩子解决阅读输入这个问题，我们可以翻阅这本书的前面章节的内容。

但是如果你发现孩子有阅读量，只是不知道怎么动笔写作文，也要做一个诊断，就是你认为的有阅读量，是不是真的有阅读量，我们说的阅读量。是指孩子有真的阅读，而不是"假阅读"，装模作样地应付了事。

✦ 有了阅读量，还是不会写作文

当孩子有了一定的阅读量，还是不会写作文，一般有以下三个原因。

（1）孩子懒，不愿意动笔。相较于写作文而言，孩子更愿意阅读。有的孩子阅读能力挺好，就是懒得动笔，觉得动动眼睛、动动脑子就好。如果要他们动笔开始写作，他们是极度地反感。当然，这些孩子中间，也有些孩子是真的内心恐惧动笔。

（2）孩子在平常阅读过程中，没有注重阅读输出转化，导致不知道怎么转化书面语言的表达，不知道怎么下笔。

（3）孩子在平常的写作过程中，被怀疑、被打压，导致孩子没有信心来写作。

　　　　曾经有个四年级的孩子，写作是她语文学习路上最大的拦路虎。

　　　　父母把她送到阅读馆，想要孩子多阅读，提升能力。有一个周末，学校布置了一篇作文，孩子在阅览室咬着笔头，半天没写一个字。正好爸爸来接孩子，一看着急了，跑进去说："我都等你半天了，怎么还一个字都没动？"

阅览室的值班老师看到了，走过去想帮助孩子，结果还没有说几句话，这位爸爸更生气了，他大声地说："不就是写个作文吗？至于那么难吗？她就是笨。"

不能写出一篇让家长满意的作文，孩子被指责，会更恐慌，容易在孩子的心理产生写作障碍。

这是我在阅览室看到的一幕，我不知道这样的情况是不是会在很多的家庭中出现。在这里，我想说的是，在孩子迈出写作的第一步的时候，不要打压孩子，不要把孩子逼到荒岛上去。

其实，任何一项技能的练习，都绕不开两个步骤，那就是刻意练习和修正打磨，孩子写作文也是如此。所以，在孩子写作这件事情上，要多一点耐心，多一点鼓励，多一点支持，给孩子足够的自信心，给孩子足够的面对困难的力量，这样孩子才有可能走出写作的心理阴影，最终愿意动笔、愿意写作。

解决了愿意动笔的问题，接下来我们说说刻意练习。在这里，我们主要分享五种方法。

（1）复述—写作。会复述的孩子，一定会写作。

（2）试写读后感，把写作练起来。

（3）把一本经典书读四遍，做四种思维导图。

（4）续写故事，不做一个置身事外的剧场观众。

（5）积累素材。为了有更多的素材，家长要给孩子准备一个"阅读素材本"。

会复述的孩子一定会写作

会复述的孩子一定会写作，你相信吗？

在工作实践中，我发现，坚持每本书阅读之后都复述的孩子，当他们有了 20 本以上的阅读量的时候，他们的作文就改善了。

关于复述前面章节已作了详细讲解，此处不再赘述。但要强调一下阅读—复述—写作是一个良性循环，孩子的阅读—复述多了，写作文就更容易了。

有个五年级的孩子，语文期中考试，作文只扣了 1 分，之前作文都是只能写一半就没时间写了。在一次分享会上，他骄傲地说："我都在这里讲了那么多书了，那些话都在我脑子里打转转了，写作文的时候，动笔写出来就好了，一点都不难。"

有同样感触的孩子有很多很多。对于小学生而言，他们的作文，无论是写作技巧，还是写作深意，都不会说那么高的严格要求。只要孩子们愿意动笔写，都会写得不错。

锻炼孩子的复述能力，就是在锻炼孩子的口头表达能力。说和写，一个是口头表达能力，一个是书面写作能力，这两者相辅相成，相互影响，擅表达的孩子，也会是一个会写的孩子。

　　所以，想要提升孩子的作文能力，不妨先试着陪孩子读读书，要孩子复述读过的书，总有一天孩子会跟你说："作文太简单了，我都讲了那么多的书，那些故事、那些话都在我的脑海里啦。"

　　从心理学角度讲，人是用语言思维的动物，语言越清晰，思维就越清晰。如果思维不清晰，语言表达也不会清晰。这里的语言包括书面语言，也包括口头语言。所以，多锻炼复述的能力，也是在同步锻炼孩子的思维能力。

试写读后感，把写作练起来

什么是读后感？读完一本书之后，把从这本书中所获得感悟、体会、感受等写下来，这样的文章叫读后感。

读后感的基本框架如下：

（1）简单叙述原文中有关内容。比如，所读书的书名、作者、写作年代背景，以及内容梗概。

（2）一句话总结概况核心观点，这就是这篇文章的"中心论点""观点句"。

（3）围绕"中心论点"，用摆事实讲道理的方式来证明观点的正确性。需要注意的是，所讲的道理、所摆的事实都必须紧紧围绕基本观点，为基本观点服务。

（4）联系实际，联系自己读这本书的感受、体会，还有时代社会现象等。注意：联系的所有事实也都必须是跟自己前面所抛出的"中心论点"紧紧相连，为观点服务，不能盲目联系、前后脱节。

读后感的常见写作模板

标题	《×××》读后感，或者读《×××》有感
第一段	开头：简单介绍一下这本书的内容（比如：今天，我读了一本《××》，这本书给我留下了很深刻的印象……）
第二段	内容：用自己的语言简单介绍这本书的内容（这本书主要讲了……）
第三段	感受：读完这本书的感受（通过阅读这本书，我们学会了……）
第四段	结尾：激发同学看这本书的欲望，比如，这本书太有趣了……

我们一起来看一下模板中关于内容部分，它有这样一句备注："用自己的语言简单介绍这本书的内容"。读完这句话，有没有一种似曾相识的感觉？是的，这不就是前面说的"费曼读书法"吗？用自己的语言把内容复述出来。我们换句话讲，如果孩子进行了大量的复述练习的话，孩子写读后感会很轻松。

孩子读得越多，读得越仔细，从书中捕捉到的信息就会越多，复述得也会越好。同时，孩子思考得越深入，写出来的内容也越有深度。坚持写读后感，就是在锻炼孩子的书面表达能力与思考能力。

另外，这里想特别提醒一下，我们建议写读后感从三年级的孩子开始，一二年级的孩子多锻炼复述能力，也就是口头表达能力。

如果你家孩子刚好三年级了，那就来试着写读后感吧。

孩子写读后感，一般都会经历两个阶段。

✦ 自由书写阶段

这个阶段，不要对孩子的读后感有过高的要求。只要孩子愿意动笔，就是一个跨越式的进步。

有些孩子排斥写读后感，为什么呢？他们会说："太难写了，我也没什么感受啊。"这其实也是孩子的大实话。一个几岁的孩子，他们对这个世界的体验还太少，他们的感受，更多来自书本故事人物的感同身受。而且，我发现，很多孩子宁愿写想象性作文，也不愿意写读后感。因为，想象性作文，他们可以天马行空地想象，而且会越写越兴奋。但是读后感就不能天马行空了，就像是孙悟空头上戴着的那个金箍一样，只能就眼前读的书写感受。对刚入门写作文的孩子来说，这是个挑战。

这时候，我们要鼓励孩子，哪怕孩子摘抄书中的故事概要，都是没问题的。因为要写出真正的优秀的读后感，需要孩子的逻辑思辨能力支撑。

刚开始，就放任孩子自由书写，只要是朝这个大致的方向写，就让孩子大胆写。

✦ 提升阶段

经过了前面的自由书写阶段，接下来就要进入提升阶段了。要不然，孩子会认为写读后感就是这样的，很容易养成应付的习惯。所以，看到孩子度过了适应期，我们就要开始带孩子进入提升阶段。这时候，可以对孩子提一些要求，比如，要求孩子写个人体会的时候，多写一些，多记录自己的思考等。

如果孩子掌握了"费曼读书法"，写读后感相对来说是一件很容易的事情。

把一本经典书读四遍，做四种思维导图

当孩子有了摘抄和写读后感的习惯之后，就可以学习画思维导图了。思维导图能进一步促进孩子的思考，以及对整本书脉络的梳理。孩子在读完一本书之后，用思维导图来梳理脉络，不但能够锻炼孩子的逻辑思维能力，也有助于提升写作能力。这一节，我们来重点说一说，怎么借助思维导图这个工具，帮助孩子理解一本书的内容。

首先，我们来看什么是思维导图。

20 世纪 70 年代，英国著名的"记忆力之父"东尼·博赞发明了一种由中心向四周放射线条的笔记，这种笔记就叫"思维导图"。它被称为"大脑使用说明书"，一种万能思维工具。

思维导图，通过运用图文并重的技巧，把各级主题的关系用相互隶属与相关的层级图表现出来，把主题关键词与图像、颜色等建立记忆链接。

简单来说，思维导图，可以帮助孩子学会全面且细致的观察，分析理清思维。对于不同年龄段的孩子，思维导图具有不同的作用。

思维导图的应用很广泛。思维导图，能够帮助孩子理解概念，深度阅读，培养逻辑思维、批判性思维，提升孩子的思考和学习能力。

思维导图主要凸显的是主题和各层级内容的关系。因此在阅读的过程中要注意提炼主题、析清层级关系。

具体怎么做呢？

（1）找一张纸，一张可以自由发挥的纸。刚开始画，孩子可能需要一张比较大的纸，这样可以让他的思维尽情发散。

（2）画中心图像。中心图像字体要稍微大一点，有明显的标识。不用纠结孩子画得够不够漂亮，自己看得明白就好。

（3）绘五颜六色。因为人的大脑会收到色彩的刺激，所以绘制思维导图时，可以让孩子挑选自己喜欢的颜色。

（4）列清分支。分支主要用来列明各内容的层级关系，一般用形状、粗细和长度不同的线条表示，同时辅以精练、提示性文字。如果层级较多，觉得无从下手时，可以给孩子准备一张草稿纸，让孩子把认为的关键词写下来，根据知识体系串联一下逻辑，在有所取舍之后，确定分支如何列出，层级主要涉及分层和排序。

如果准备好了，就开始制作吧。如果实在不知道画什么，可以先从一张自我介绍开始，这也是一个认识自己的过程哦。不管怎样，动笔就是成功的开始。

现在，我们一起来看如何把经典书读四遍，做四种思维导图。下面我们以《老人与海》为例说明这四种思维导图。当然，做思维导图的前提是认真阅读过了该书。

第一种思维导图——故事梗概。

怎么做呢？就是把书中的每一章的内容用简略的语句概括出

来，锻炼孩子的高度概括能力和语言组织能力。

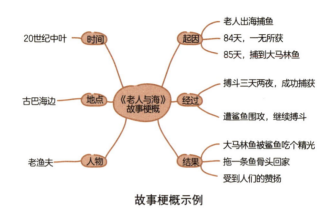

故事梗概示例

第二种思维导图——人物关系。

人物关系思维导图，就是将书中的主要人物、次要人物，以及人物性格特点、最后结局等做一个全面梳理。

这里锻炼的是孩子的人物分析能力，同时，锻炼孩子的因果逻辑思维能力。比如：故事书中的好人，他们的性格特征是什么，最后的结局是怎样的；书中的坏人，有什么性格特征，最后的结局是怎样的。

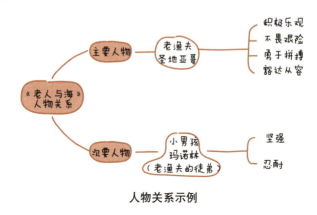

人物关系示例

第三种思维导图——创作背景。

创作背景，包括：作者背景，如作者的出生年代、学历、家庭、其他作品；写作背景，如当时的时代特点、政治环境等。

要读透一本书，就要深入了解作者的创作背景，这样有助于更深入地了解书中人物和背景之间的关系。

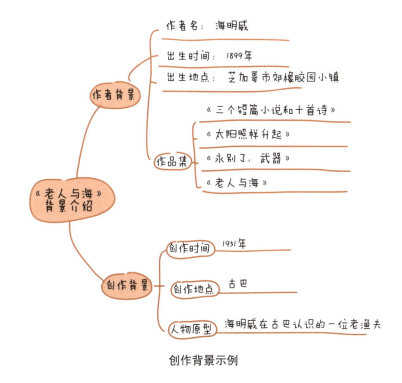

创作背景示例

第四种思维导图——文学手段。

文学手段，是指作品的文风、体裁、文学特点等。通过分析文学手段，可以提高孩子的文学鉴赏水平。

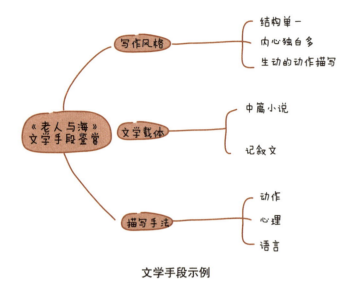

文学手段示例

怎么样？读到这里，是不是想跃跃欲试呢？赶紧跟孩子画起来吧。

续写故事，不做一个置身事外的剧场观众

续写故事是一个不错的阅读输出训练。我们的课堂设置中常常会有专门的"续写故事"挑战赛，因为它可以激发孩子更大的阅读兴致。家长在家里指导孩子阅读的时候，也可以跟孩子一起来挑战"续写故事"。

什么是续写故事？

续写故事，就是在原有的故事基础之上，让孩子充分地发挥自己的想象力，把故事继续写下去，写成一篇完整的文章。

怎样续写故事呢？

要续写一篇故事的前提是，要读懂原故事。比如，孩子读完了《小王子》，他准备续写《小王子》的故事。孩子必须是认真地读过这本书，而且掌握了这本书的故事梗概、中心思想。只有在这个基础之上，才能展开想象的翅膀。

《小王子》的作者是法国作家安托万·德·圣·埃克苏佩里。它是一部非常著名的短篇小说，主要写的是小王子的故事。这位小王子来自 B12 外星球，他从自己的星球

出发前往地球的过程中，经历了各种各样的历险事件。

这本书是一本很经典的阅读书。当我们带着孩子阅读完这本书之后，我们会不会产生一些疑问：小王子最后到底回到了他原来的星球了吗？在他回去星球的路上又有什么奇怪的故事发生呢？……

孩子们都特别喜欢小王子，他们根据自己的想象续写了不同的故事。有的心疼小王子，续写的结局是：小王子真的回到了他自己的星球 B12，并且和他的玫瑰花开开心心地生活在一起。有的不舍得小王子的离开，他们续写的结局是：小王子并没有离开地球，他生活的星球上的玫瑰花坐着时光机来到了地球上，终于和小王子重逢了……

在续写故事的时候，需要注意以下几点。

（1）要符合原文的发展。故事的人物和事物要与原文保持一致性和连续性，不能天马行空、离题万里。

（2）想象要符合实际。虽然是想象性作文，但是绝不能够天花乱坠，让人难以置信。

（3）续写的故事发展要合乎情理。

下面两本书也是孩子最喜欢读的经典读物，家长可以陪孩子阅读完，并梳理故事梗概，让孩子化身为书中的人物，把故事继续讲下去。

《爱丽丝梦游仙境》

这是英国作家路易斯·卡罗尔于1865年出版的儿童

文学作品。故事的主人公是一个名叫爱丽丝的小女孩，一天，她从一个兔子洞掉进了一个神奇的国度，那里有很多很奇怪的东西：有会说话的生物、会移动的纸牌、很多巨人和小矮人……爱丽丝在那里经历了一场特别神奇的体验。最后，爱丽丝醒来了，她发现，原来那是一个梦。如果你是爱丽丝，你喜欢继续待在那个神奇的国度吗？你可以发挥你的想象力，写出更多更好玩的事情吗？

《夏洛的网》

这是美国 E. B. 怀特写的一部关于友情的童话故事。在朱克曼家的谷仓里，快乐地生活着一群动物。小猪威尔伯和蜘蛛夏洛建立了真挚的友谊。然而一个坏消息打破了谷仓里的平静：威尔伯在圣诞节将会被人杀死，做成火腿！作为一只猪，悲痛欲绝的威尔伯似乎只能接受任人宰割的命运。然而看似渺小的小蜘蛛夏洛却说："我救你。"于是，夏洛在猪栏上织出了被人类视为奇迹的"网上文字"，这些赞美威尔伯的文字彻底改变了威尔伯的命运，终于让威尔伯在集市的大赛上赢得了特别奖和一个安享天年的未来。但在这时，蜘蛛夏洛的生命也走到了尽头……之后威尔伯带着悲伤和感恩抚养了夏洛的孩子！看完《夏洛的网》，你有什么感触？发挥你的想象力，你也来续写一下《夏洛的网》吧。

如果你是一位细心的妈妈，你会发现，孩子从二年级就有了故事续写的语文作业了。锻炼孩子的故事续写能力，就是在锻炼孩子的动笔写作能力，还有想象能力。

第 六 节

积累素材，给孩子准备一个阅读素材本

无论是写读后感，还是绘思维导图，或是续写故事，都有一个关键的事情，就是要有素材调用。所以，为了让孩子下笔的时候妙笔生花，建议给孩子准备一个阅读素材本，把平日里所看到的好词好句都摘抄到这个"阅读素材本"中。

"凡事预则立，不预则废。"这句话的意思是说，凡事都要事先做好准备才可能成功，没有准备就会失败。"兵马未动，粮草先行"也是在强调前期筹备的重要性。

同理，我们把动笔写作文的那一刻，看成是孩子要出征的话，那么，出征之前，一定要记得帮助孩子一起把"粮草"储备好，这个"粮草"就是孩子的"素材库"。

好多父母容易犯的一个错误是，平日不管孩子的"粮库是否有粮"这个问题，只盯孩子"出征"有没有打赢的问题。很多孩子，实质上是"饿着肚子"胡乱支招。

所以，从今天开始，一定要关注孩子的"粮库"，也就是阅读素材的积累情况。

阅读素材本做些什么呢？

✦ 摘抄

把日常看的书中的好词好句都摘抄到这个"素材本"上，只要认为这个句子好，就可以摘抄下来。家长需要做的只是检查抄写的内容有没有错别字，并帮助孩子纠正过来。至于孩子摘抄的句子，是否与你眼中认为的"好词好句"一样，这个不是关键。因为孩子的视角和家长的视角差一条河的距离。

✦ 小日记

建议孩子每周写一些小练笔、小日记。不管这个小练笔写得怎样，都不用去评判它，鼓励孩子动笔，养成习惯是第一步。

其实养育孩子，就是一个跟眼前这个小生命斗智斗勇、共同成长的过程。这个过程千万不要硬着来，不要对孩子实施"语言暴力"，而要给孩子鼓励，鼓励孩子一步一步地向前。

写作不是体力活而是脑力活。脑力活跟孩子的情绪、心态有很大的关系。家长要帮助孩子突破心理关卡，引导孩子一步步走进书写的世界。

第 九 章

从小读到大，做自驱型终身阅读者

天地间第一人品，还是读书。

——《格言联璧》

　　本书写到这里，我们已经把儿童整本书阅读六力模型的系统方法论全部学习完了。分别是阅读专注力、阅读记忆力、快速阅读能力、阅读坚持力、阅读理解力、阅读输出力。这六种能力层层递进、相辅相成、互相作用、通力协作，共同构筑了孩子扎实的阅读能力。

　　读到这里，你有没有一种如释重负的感觉，就好像带孩子爬山，终于爬到山顶了，可以缓口气了。

　　是的，到这里，我们做父母的或许可以先暂时休息一下了。但对于孩子而言，这才是刚刚开始。因为，这只是在父母的陪同下，完成了一场爬山练习而已，往后的日子，会有更多的高山，需要独立去攀登。

　　我相信，每一个热爱阅读的孩子，都会是一个勇敢的阅读攀登者。愿我们每个孩子，都可以选择，让阅读赋能生命，让阅读滋养人生，从小读到大，做一名坚定的自驱型终身阅读者。

横向生发，让孩子在阅读中做到不偏食

✦ 警惕孩子出现"阅读偏食症"

我在工作中，经常会听到父母提出这样一个问题：孩子阅读只喜欢读一类书，怎么办？

后来我发现，这样的孩子比较多，比如有些女孩子喜欢读童话故事，不喜欢读历史地理类的百科书，有些男孩子喜欢读历史书，不喜欢读文学故事书，等等。我们把这种现象称为"阅读偏食症"。

我们都知道，为了孩子的身体健康，一定要注意均衡饮食，做到在饮食上不偏食。那么阅读呢？阅读也是同样的道理，注意均衡发展，不只读某一类书。

✦ 横向生发，博览群书，不做"阅读偏食者"

高尔基说："书籍是人类进步的阶梯，是人类的精神食粮。"精神食粮要营养均衡，只有这样才能拥有一个立体的世界观，不限于狭隘、偏执之中。

有个《三季人》的故事，不知道你听过没有？

孔子有个叫子贡的弟子。有一天，他在大院门口打扫。忽然，一个人来到院子，问子贡："您是孔子吗？"

子贡说："有什么事需要向我们老师请教？"

"我想请教关于时间的问题？"

"这个问题我知道，可以回答你。"

"那你说说一年有几季？"

"四季。"子贡笑答。

"不对，一年只有三季！"

"四季！！"

"三季！！"

"四季！！！"子贡理直气壮。

"三季！！！"来人毫不示弱。

两人争论不止。

孔子听到声音，从院内出来，子贡上前讲明原委，让孔子评定。

孔子先是不答，观察一阵后说："一年的确只有三季。"

来人听此，大笑而去。

待来人走后，子贡忙问老师："这与您所教有别啊，且一年的确有四季啊！这一年到底应是几季？"孔子答："四季。"

子贡不解。孔子继而说道："这时和刚才不同，方才那人一身绿衣、面容苍老，它分明是田间的蚱蜢。蚱蜢者，春天生，秋天亡，一生只经历过春、夏、秋三季，哪里见过冬天？所以在他的思维里，根本就没有'冬季'这个概念。你跟这样的人那就是争上三天三夜也不会有结果的。你若不顺着他说，他能这么爽快就走吗？你虽然上了个小当，但学到了莫大一个乖。"

说完，子贡立刻明白了。

这个故事除了告诉我们，要是碰到不讲理的人，不要无休止地争吵下去以外，还告诉我们，小心自己成为那个狭隘偏执的"三季人"。

为了不成为"三季人"，我们需要广泛地涉略，博览全书，博古通今，让自己的知识面丰富、立体、全面。

对于孩子来说，他们的"三观"还没有完整建立起来，这时候，除了父母言传身教的熏陶，更多来自阅读。所以，孩子的阅读面需要广泛，文学、历史、地理、哲学、百科等，这些书都需要看，不能说我不喜欢，就不去看。

台湾作家杨晓菁老师写过一本书，书名叫《我在台湾教语文，阅读不偏食》。在这本书里，杨老师特别强调了阅读不要偏食，要全面均衡发展。我们生活的世界是立体的世界，不是单一的世界。如果孩子长期只愿意阅读一种读物，孩子的思维容易偏执，管中窥豹，看不清整个世界。

怎样避免孩子在阅读上出现偏食的情况呢？

我们来想想，在饮食上，为了避免孩子出现偏食的情况，我们都做了些什么？最直接的就是跟着营养学老师学习营养食谱，然后跟着食谱学会制作营养餐。在阅读上，道理其实是一样的，

我们要知道各类书籍的营养是什么，孩子为什么要读这类书，读这类书的好处是什么，等等。

接下来，我们分别以四个类别的书为例来讲三个问题：为什么要读这类书？怎么读这类书？这类书具体有哪些书目？

为了方便理解和记忆，我把这四类书按照"四季循环"做了一个分类。

第一个类别　春生：在想象性文学中生发。

第二个类别　夏长：在百科中成长。

第三个类别　秋收：在史学中收获。

第四个类别　冬藏：在哲学中历练。

让我们一起陪孩子在想象性文学中生发，在百科中成长，在史学中收获，在哲学中历练，做一个博览群书、意气风发的阅读少年吧！

春生：在想象性文学中生发

✦ 阅读就是一场灵魂的对话

爱阅读的孩子，具有同理心，有格局，视野广，有责任担当。因为阅读是一种潜移默化的教育，阅读是一次又一次与灵魂的对话。孩子每读一本书，就是在跟他人进行交流对话、思想碰撞。

法国哲学大师萨特在其《萨特自述》中曾经如此感慨："我既没有在地上和过泥巴，也没有上树去掏过鸟窝，我从没有采集过花草，也没有拿石头朝小鸟扔去。书本就是我的鸟和我的鸟窝，是我的宠物，是我的马儿，是我的同伴；这图书室就是一个镜子般的世界，从中我可以看到一切；它有这一世界的无穷奥秘、变化和不可预见性。"

三毛说："许多时候，自己可能以为许多看过的书籍都成了过眼云烟，不复记忆，其实它们仍是潜在的，在气质里，在谈吐上，在胸襟的无涯，当然也可能显露在生活和文字里。"

我们读过的书，都不曾远去，它们仍然潜藏在我们的一言一行中，潜藏在我们的生活和文字里。

✦ 阅读在想象性文学中生发

神经科学界的泰斗玛丽安·戴蒙德（Marian Diamond）曾经得出这样一个结论："当孩子沉浸在最喜欢的游戏中时，他们会高兴得忘记所有烦恼。而伴随这些感受而来的强烈内在动机，能够指导与强化他们去努力、学习和追求成就，这种影响也无法以任何其他方式实现。"

在阅读上，为了让孩子能有一个沉浸感以及强烈的内在动机感，我们一般会选择从儿童文学开始阅读，也就是孩子的阅读书单中的第一类是儿童文学。儿童文学是想象性文学。

什么是想象性文学？

在哈罗德布鲁姆《小说家与小说》这本书中，提到想象性文学的三个标准，它们是智慧、认知力量、审美光芒。

儿童时期，是想象力最丰富的时候。阅读想象性文学，可以打开孩子想象力的大门，让孩子驰骋想象。

想象性文学一般包括小说、故事、儿童诗歌，等等。在浩瀚的儿童读物中，儿童小说的数量最多，像动物小说、科幻小说、探险小说，等等。

为什么要读想象性文学呢？

罗翔在他的书《圆圈正义》中写了这么一段话：

> 文学可以让我们知道人生的多样性，人生不同路径的不同结果。因此，它可以让我们学习到面临相同情境应该如何抉择。文学作品还能极大地培养人的同理心，

文学中无数个体的悲欢离合、命运多舛能让我们体会人生的苦难与无常，我们会思想自己也是血肉之躯，苦难随时也会临到自身，故会感同身受，更会深刻领悟约翰·多恩的布道辞"不要问丧钟为谁而鸣"。

从小阅读文学读物，可以让孩子从作品中感受这个世界，培养同理心。如果你觉得你家孩子同理心不够，比较自我，不妨让孩子多读经典文学作品，让文学熏陶孩子的心灵。

怎么读想象性文学呢？一口气读完。我在带孩子阅读的时候，也都是这样带孩子读想象性文学读物的。

《如何读，为什么读》说："我们如何读一个短篇小说？埃德加·爱伦·坡大概会说：一口气读完。"一口气读完，不要停顿，跟着书中的故事情节一直读下去。这对于孩子来说，是读想象性文学最好的阅读方法。

在这里，我也推荐一些适合孩子们一口气读完的想象性文学读物，爸爸妈妈们可以陪孩子一起阅读。

1. 适合小学低年级阶段孩子阅读的书，比如《神笔马良》《夏洛的网》《爱丽丝漫游仙境》《绿野仙踪》《时代广场的蟋蟀》《宝葫芦的秘密》《列那狐的故事》《木偶奇遇记》《了不起的狐狸爸爸》等。

2. 适合小学高年级阶段孩子阅读的书，比如《海底两万里》《草原上的小木屋》《窗边的小豆豆》《小王子》《汤姆索亚历险记》《鲁滨孙漂流记》《八十天环游地球》《天蓝色的彼岸》等。

为什么我们这么强调先从想象性文学开始阅读呢？

因为想象性文学，故事情节连贯性更强。想象性文学读得越

多，大脑的故事模拟功能运用越强大。

因为故事的连贯性、生动性，孩子们的阅读体验感会很真实。故事生动有趣、内容简单，符合儿童心理发展特征，可以让孩子感受到爱、温暖和情感共鸣！

夏长：在百科中成长

相对于想象性文学而言，要想引导孩子读一本百科读物，好像是一件比较难的事情。尤其是一些科普读物，并没有那么受欢迎。我观察到，在选书的时候，很多孩子会把百科读物悄悄地放到所有的书的底部，反正就是能不读就不读。

✦ 百科读物

了解百科读物前，我们先说一下什么是百科。百科是指天文、地理、自然、人文、宗教、信仰等全部学科知识的总称。

在《中国大百科全书；新闻出版》卷中定义百科全书为："概要介绍人类一切门类知识或某一门类知识的工具书，供查检所需知识和事实资料之用，但也具有扩大读者知识视野，帮助系统求知的作用。它是一个国家和一个时代科学文化发展的标志。"

百科读物就是介绍这些知识的书籍。现在市面上的百科读物特别多，从绘本到文字读物都有，比如我们上面提到的《中国大百科全书》就是一本特别经典的百科读物。

✦ 阅读百科读物

对于一般孩子来说，读百科好像是一件比较为难的事情。但是我们不能因为为难就不读。事实上是，越怕什么越要面对什么，否则，你今天所害怕的有可能在未来的某一天给你制造不必要的麻烦。

所以，为了引导孩子们喜欢上百科，我们建议在孩子小的时候，读一些经典的百科绘本。只不过，你会发现，当你开始陪孩子读百科书的时候，你就没有读故事书那么轻松了。因为我们一开始读百科书，孩子立马就变成了一个"十万个为什么"的复读机了。

和孩子共读百科读物之前，建议家长事先把要读的那些内容先读一遍，然后看一下有没有什么资料需要提前查找，相当于老师提前备课。确实是比读故事书要麻烦很多。

百科书相比虚构类故事书，更加严谨和富有内在逻辑性。多读百科，对孩子的逻辑思维也是有帮助的。因为，科普书更多的是在引领孩子思考，探索未知的美妙世界，丰富孩子的知识广度，培养孩子的批判性思维和思辨能力。

✦ 百科读物推荐

这里推荐几套非常适合孩子们看的百科全书，通过阅读这些书，带孩子们走进百科，让孩子们在百科中快乐成长。

百科书单

《中国大百科全书》	《中国儿童百科全书》
《世界地理百科全书》	《DK 儿童历史大百科》
《拉鲁斯百科全书》	《不列颠百科全书》
《大英儿童百科全书》	《牛津少年百科全书》
《DK 动物大百科》	《DK 儿童百科全书》
《不列颠百科全书（国际中文版）》	《地球百科》
《地图里的伟大历史：改变世界的十大系列》	《拉鲁斯儿童小百科全书》
《大英百科全书》	《DK 自然大百科》

给孩子挑选百科读物的时候，选择的原则是，先简单，再复杂。也就是说挑选容易的书，不要挑选太难的书。就像是孩子刚开始学习骑自行车一样，先学会骑小车，再学大车。循序渐进，孩子的压力没那么大，而且能够更好地过渡适应。

秋收：在史学中收获

中国是一个历史悠久的国家，上下五千的历史，浩瀚的中华文化，浩如烟海的历史典籍，这些都是我们的骄傲，更是我们的宝藏。

《旧唐书·魏徵传》中说："夫以铜为镜，可以正衣冠；以史为镜，可以知兴替；以人为镜，可以明得失。"历史，就像是一面镜子。多读历史，多理解历史变迁的脉络；多读历史，多了解为人处世的精髓。

无论是历史上典籍《资治通鉴》《二十四史》《史记》等，还是四大名著《三国演义》《红楼梦》《水浒传》《西游记》，都值得我们慢慢挖掘、细细研读。

◆ 读历史读物的原因

（1）丰富见识，开阔眼界。

读万卷书，行万里路，书中有我们到达不了的地方，有我们回不到的过去，通过历史书，我们能了解人类起源，了解朝代的更替。

每一个历史重大事件，每一位时势造就的英雄，都隐藏着一个大局观，都有不同的角度、思想、格局，总结出历史的经验与教训，可以让我们的视角更宽广、多元。

每一位朝代的开创者，都有他独有的领导力与格局，就像汉高祖刘邦，文不如张良，武不敌韩信，谋不过萧何，但是由他建立的汉朝。

历史可以使孩子的眼光放得更长远，学会纵观全局，有了更高的格局。

（2）培养孩子的辩证思维能力。

历史包含了朝代、地域、民俗、历史事件等，这些都充实了孩子的大脑，让孩子更全面地分析问题，并且能提升孩子的思辨能力与批判性思维，有自己的看法，会求证，而不是人云亦云地盲从。

如果我们的孩子读过历史，就不会被现在很多的小说或者电视剧蒙蔽双眼，而歪曲事实。

（3）读史能让孩子找到人生榜样，树立志向。

历史是鲜活的，能够进入历史的人物往往也都有着许多宝贵的品质和伟大的功绩。读这些人的故事，能够让孩子生起仰慕之心，从而立志效法。比如在民国作家章衣萍写的《班超》一书中，就写到班超小时候特别崇拜张骞，正是因为班超从小种下了这样的种子，才有后来在西域成就的功业。可见，一本好的传记，对人一生有莫大影响。

历史之处是骨气，很多历史事件本身就是"精神食粮"，能让孩子学到其中的精神。像孙膑忍辱负重，装疯卖傻，最终生存下来，他的坚毅精神，感染了每个孩子。

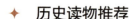

✦ 历史读物推荐

很多孩子不爱学历史，觉得历史是一门很枯燥的学科，要背大量知识点，很考验记忆力。

相比之下，他们更愿意看动画片。所以，如何既让孩子保留对历史的兴趣，又让孩子愿意阅读历史书籍，是我一直思考的问题。

在众多历史书中，我找到了适合孩子阅读的历史读物，这些书都是阅读馆借阅最多的书。

历史读物书单

《少年读史记》	《漫画中国通史》
《林汉达中国历史故事》	《上下五千年》
《写给儿童的中国历史》	《经典历史故事》
《漫画三国》	《孩子读得懂的资治通鉴》

当然，除了上面的书单，还有很多适合的历史书，家长们可以带孩子一起阅读。

冬藏：在哲学中历练

✦ 孩子天生就懂哲学

当看到这里的时候，家长会不会觉得好奇：为什么要读哲学？儿童也要读哲学吗？儿童会读哲学吗？之所以有这样的疑问，是因为"哲学"这个词太过于高高在上了。

当提到哲学的时候，你的脑海是不是会想到博物馆陈列的种种年代久远的古董，或者哲学三问——"我是谁""我来自哪里""我要去哪里"，抑或是苏格拉底的那句话"我唯一的所知就是我的一无所知"？高深莫测的哲学领域，孩子们真的能够涉猎吗？

我曾经也有这样的疑问，直到有一天，我看到美国哲学家马修斯教授在《童年哲学》一书中写到："儿童天生就会做哲学。"于是我开始观察和留意身边的"小哲学家"。

我是两个孩子的妈妈，在陪伴他们成长的过程中，我发现，无论是大宝还是小宝，在他们还小的时候，都问过很多同样的问题。

"妈妈，我是谁生的？"

"你是我生的呀！"

"那，你又是谁生的呀？"

"我是外婆生的！"

"那外婆是谁生的呢？"

"外婆是外婆的妈妈生的！"

"那外婆的妈妈又是谁生的呢？"

……

"那还没有人类的时候，第一个人类是谁生出来的呢？"

我经常会被类似的问题给问住。

给孩子们读绘本《爷爷变成了幽灵》的时候，孩子会不断地问："妈妈，人为什么要死呢？""人死了之后，去哪里了呢？幽灵住在哪里呢？""他们也跟我们人类一样，会肚子饿，要吃东西吗？"……

给孩子们读《活了一百万次的猫》的时候，他们又会问："猫怎么能活这么多次呢？""人类可以和猫换命吗？"……

当给孩子们读《爷爷的爷爷哪里来》的时候，他们又问："爷爷的爷爷真的从那里来的吗？""谁看到爷爷的爷爷是从那里来的呢？"……

你看，孩子们其实就是天生的哲学家。他们对这个世界的"好奇"和"困惑"，不需要家长的指导和教育，这些哲学的种子是孩子天赋自带的。也正是因为这些小小的种子，让孩子长大后，有了不断追寻、探索的成长旅程。

但记住：孩子喜欢缠着你问十万个为什么的时候，不要打击孩子，也不要因为孩子看似幼稚的问题而取笑他，因为他在真正对眼前的这个世界探究、思考。

✦ 哲学读物推荐

孩子就是天生的哲学家、思考者。我们鼓励孩子阅读儿童哲学小说，绘本等，并不是说要把孩子培养成未来的哲学大师，我们是要培养孩子的思考习惯、思考能力。

儿童哲学思考包含的技巧

1. 正确形成概念／概念发展	2. 进行适当归纳	3. 明确称述因果关系	4. 依据单一前提做立即的推理
5. 依据两个前提进行三段式推理	6. 知道标准化的基本原则	7. 次序的逻辑或关系的逻辑	8. 辨别一致和矛盾
9. 能进行命题逻辑里的条件推理	10. 明确地提出问题	11. 发现隐藏的假设	12. 掌握部分—全体以及全体—部分的关联
13. 知道何时应避免、忍受或利用暧昧不明的语词	14. 辨认意义模糊的文字	15. 在评估时将各种相关因素纳入考量	16. 辨认目的和方法的相互关系
17. 辨认非形式的谬误	18. 概念运作	19. 提出理由	20. 辨认真理和谬误的关系
21. 做区分	22. 做联结	23. 运用类比	24. 发现替代
25. 建构假设	26. 分析价值观	27. 举实例	28. 对熟悉的字词下定义
29. 发现以及应用标准	30. 考虑各种不同的观点		

来源：李普曼《儿童哲学教育计划与思考技巧之培养（一）》

为人父母，我们要做的，其实就是身体力行，做好自己，教会孩子独立思考的能力，让孩子长大后有能力面对这个纷繁的世界，让孩子自己在哲思这条道路上，慢慢地向前，用思考的力量，慢慢地推开世界的大门。

小学就开始海量阅读，自驱型终身阅读在路上

✦ **利用小学阶段的"阅读饥饿期"，让孩子开始海量阅读**

在莫提默·J.艾德勒和查尔斯·范多伦写的《如何阅读一本书》中指出，阅读可以分成四个层次——基础阅读、检视阅读、分析阅读、主题阅读，这四个层次层层递进、相辅相成。

每个人的阅读路径都会经历这四个层次，但是，其中的基础阅读，是根本，是关键，是核心。一个人只有基础阅读过关，才可能具有往上伸展的空间。

那么，这里说的基础阅读在哪个阶段呢？

基础阅读，一般是在孩子开始接触阅读并且习得阅读能力的阶段，通常在小学学习阶段。

第一个阶段：阅读准备阶段。这一阶段从出生开始，直到六七岁为止。

阅读准备阶段，要准备什么呢？比如，身体方面的

准备（良好的视力与听力），智力方面的准备（起码的认知能力），以及其他方面的准备。

第二个阶段：接触初级读物阶段。这个阶段读一些简单的读物，再附带一些观察能力培养。

第三个阶段：快速识字的阶段，要能从上下文所提供的线索，"推断出"不熟悉的字词，开始为扩大视野而阅读。

第四个阶段：精练与增进技巧阶段。这个阶段，能消化阅读经验：从一本书所提出来的一个观点转化到另一个观点，即在同一个主题上，对不同的作者所提出来的观点做比较。

小学阶段的孩子，没有学业压力，大量阅读，可以把基础阅读的基本功打扎实了。

中国教育学会副会长朱永新教授，曾经提出一个"阅读饥饿期"的说法。他认为，孩子对阅读的饥饿感形成于 13 岁之前。父母是否在小孩 5 岁以前经常给孩子讲故事，影响着孩子以后阅读技巧的形成。同时，在 13 岁以前的阅读体验，对孩子的成长也是至关重要的。人生以后的历程，只不过是前面 13 年所阅读的东西的展开。

对于即将走向未来社会的孩子，如果说有什么是他们可以傍身一辈子的技能的话，我想，除了保持终身学习的这个能力之外，没有什么东西可以让孩子们傍身一辈子的了。而培养孩子终身学习的这个能力的核心，就是让孩子成为一名自驱型终身阅读者。

我曾经接待了特别多初中生、高中生的父母，他们都有一个困惑，就是他们想不明白的是，孩子在小学的时候很乖，很听话，也爱读书，不知道为什么，到了初中、高中会变了个样，他们逃学、叛逆、沉迷网络，等等。到底是什么原因，导致他们变成现在这个样子呢？

出现这样的问题，我想背后肯定有多种不同因素。我们姑且不去分析所有的潜在因素，就说一点特别重要的，那就是在孩子小学阶段没有培养出孩子的自驱力，或者说，没有朝着激发和引导孩子自驱力的方向努力。

要激发出孩子的自驱力，作为父母，我们首先要做的一件事情，就是做好父母自身的"心理建设"，从内心深处，我们需要知道一个事实，孩子是一个独一无二的生命个体，他们终将要凭借自身的力量活出他们想要活出的样子。

✦ 海量阅读，是跨学科学习的奠基石

《语文教育课程方案（2022 年版）》提出了跨学科学习的要求："开展跨学科主题教学，强化课程协同育人功能。"

为什么我们要强调"跨学科学习"？学习的目的，不是背诵，不是记住知识，而是解决现实生活中的实际问题，这是最终的目的。

解决现实生活中的问题，需要的是综合的知识和能力，仅仅靠某一学科的知识和技能是无法做到的。所以，跨学科的学习就显得关键了。

在这次的教改文件中，是这么定义跨学科学习的：

"跨学科学习，就是拓展语文学习和运用领域，围绕学科学

习、社会生活中有意义的话题，开展阅读、梳理、探究、交流等活动，在综合运用多学科知识发现问题、分析问题、解决问题的过程中，提高语言文字运用能力。"

对于未来的孩子，继续靠刷题，通过"做题家"的思路去拓展，已经是行不通了。要想提升孩子的未来竞争力，必须把握住核心，让孩子在海量阅读中，不断提升信息辨析能力、归纳总结能力、解决问题能力。

海量阅读，是跨学科学习的奠基石！

◆ **让孩子成为最好的孩子，让父母成为最好的父母**

诗人纪伯伦在《论孩子》里写道：

> 你们的孩子，
> 都不是你们的孩子，
> 乃是"生命"为自己所渴望的儿女。
> 他们是借你们而来，
> 却不是从你们而来，
> 他们虽和你们同在，
> 却不属于你们。
> 你们可以给他们以爱，
> 却不可给他们以思想，
> 因为他们有自己的思想。
> 你们可以荫庇他们的身体，
> 却不能荫庇他们的灵魂，
> 因为他们的灵魂，

是住在"明日"的宅中，

那是你们在梦中也不能想见的。

你们可以努力去模仿他们，

却不能使他们来像你们，

因为生命是不倒行的，

也不与"昨日"一同停留。

你们是弓，

你们的孩子是从弦上发出的生命的箭矢。

那射者在无穷之中看定了目标，

也用神力将你们引满，

使他的箭矢迅疾而遥远地射了出去。

让你们在射者手中的"弯曲"成为喜乐吧，

因为他爱那飞出的箭，

也爱那静止的弓。

每次读到这段文字，我的内心都会产生触动。孩子不是我们的附属品，孩子是因着生命本身而来，他们有着神圣的光辉，我们除了给予陪伴，给予关爱，我们又有何德何能去不断地指责、批判、谩骂孩子呢？

每个生命都是独一无二的，每个生命都有他生命本身所赋予的使命，每个生命也必将由每个生命本身承担起生命成长的责任。

读完这本书，我希望，你可以跟我完成一个心理建设，每天晚上读一次，给自己一个心锚。

- 孩子是独一无二的生命个体，他不是我们的附属品，我们无权控制孩子，还孩子一个自由成长的空间。

- 我也是个独一无二的生命个体，我要承担起我生命成长的责任，活出自己的精彩。

- 我是孩子的生命成长的顾问，我是孩子的力量的源泉。在孩子遇到困难时，我要用我的热情和热爱，引导孩子面对挑战。

改变从阅读开始，改变从内心开始。愿书香走进每个家庭，愿每个孩子都可以成为那个阅读攀登者！